Britta Kohler
Gelassen durch die Grundschule

Britta Kohler

Gelassen durch die Grundschule

Antworten auf die
55 wichtigsten Elternfragen

Von A wie Aufmerksamkeit bis Z
wie Zeugnis

BELTZ

Das Werk einschließlich aller seiner Teile ist urheberrechtlich geschützt. Jede Verwertung ist ohne Zustimmung des Verlags unzulässig. Das gilt insbesondere für Vervielfältigungen, Übersetzungen, Mikroverfilmungen und die Einspeicherung und Verarbeitung in elektronische Systeme.
Die im Buch veröffentlichten Hinweise wurden mit größter Sorgfalt und nach bestem Gewissen vom Autor erarbeitet und geprüft. Eine Garantie kann jedoch weder vom Verlag noch vom Verfasser übernommen werden. Trotz sorgfältiger inhaltlicher Kontrolle können wir auch für den Inhalt externer Links keine Haftung übernehmen. Für den Inhalt der verlinkten Seiten sind ausschließlich deren Betreiber verantwortlich. Die Haftung des Autors bzw. Verlages und seiner Beauftragten für Personen-, Sach- oder Vermögensschäden ist ausgeschlossen.

Dieses Buch ist erhältlich als
ISBN 978-3-407-86506-9 Print
ISBN 978-3-407-86564-9 E-Book

1. Auflage 2019

© 2019 im Beltz Verlag
in der Verlagsgruppe Beltz · Weinheim Basel
Werderstraße 10, 69469 Weinheim
Alle Rechte vorbehalten

Lektorat: Judith Roth
Einbandgestaltung/Umschlaggestaltung: www.stefanielevers.de (Gestaltung),
www.stephanengelke.de (Beratung)
Bildnachweis: Megan Evans/Getty Images
Herstellung: Sonja Frank
Layout und Satz: Publikations Atelier, Dreieich

Druck und Bindung: Beltz Grafische Betriebe, Bad Langensalza
Printed in Germany

Weitere Informationen zu unseren Autor_innen finden Sie unter:
www.beltz.de

Inhalt

Einleitung	9

Der Ernst des Lebens?
So können wir den Schulanfang gestalten — 11
    Wie bereiten wir uns auf den Schulanfang vor? — 12
    Wie gestalten wir den ersten Schultag? — 17
    Wie gelingt die erste Schulwoche? — 19

Der Eintritt ins Schulleben:
Eine große Veränderung für alle — 26
    Was ändert sich in unserer Familie bei Schulbeginn? — 26
    Wie entwickelt sich unser Kind als Schulkind? — 29
    Was bedeutet es für uns Eltern, ein Schulkind zu haben? — 32

Mein Kind lernt lesen — 35
    Wie lernen Kinder lesen? — 36
    Welche Leselernmethode ist die beste? — 39
    Warum fällt manchen Kindern das Lesen so schwer? — 43
    Wie kann ich mein Kind beim Lesenlernen unterstützen? — 45
    Wie kann ich mein Kind zum Lesen motivieren? — 48

Mein Kind lernt schreiben — 51
    Wie lernen Kinder schreiben? — 52

Warum fällt manchen Kindern das Schreiben so schwer? 55
Welche Schreibschriften gibt es? 58
Wie kann ich mein Kind beim Schreiben unterstützen? 62
Wie kann ich mein Kind zum Schreiben motivieren? 68
Soll ich mit meinem Kind Diktate und Aufsätze üben? 69

Mein Kind lernt rechnen 74
Wie lernen Kinder rechnen? 75
Ist es sinnvoll, wenn mein Kind mit den Fingern rechnet? 77
Warum fällt manchen Kindern das Rechnen so schwer? 78
Wie kann ich mein Kind beim Rechnen unterstützen? 79

Hausaufgaben:
Lernchance oder Hausfriedensbruch? 88
Sind Hausaufgaben wichtig für den Lernerfolg? 88
Sind Wochenhausaufgaben eine gute Lösung? 93
Warum ist die Hausaufgabensituation oft so schwierig? 97
Wie kann ich bei den Hausaufgaben unterstützen? 100
Wie kann ich mein Kind motivieren? 106
Zehn Minuten oder zwei Stunden:
Was ist noch in Ordnung? 109

Wie die Großen:
Buchvorstellung und Präsentation 115
Welche Erwartungen hat die Schule an mein Kind? 115
Wie kann ich meinem Kind beim Vorbereiten helfen? 117

Wie gehe ich mit Noten um? 123
Welche Nachteile haben Noten? 123
Wie gehe ich mit Rückmeldungen ohne Noten um? 125
Wie kann ich auf die ersten Noten reagieren? 127
Sollen wir für Tests und Klassenarbeiten üben? 129

Mein Kind hat Lernprobleme 132
Warum kann sich mein Kind nicht konzentrieren? 133
Hat mein Kind Lese-Rechtschreib-Schwierigkeiten (LRS)? 139
Liegt eine Rechenstörung vor? 142
Besteht eine Autismus-Spektrum-Störung (ASS)? 145
Hat mein Kind ADHS? 149
Ist mein Kind hochbegabt? 152
Soll mein Kind die Klasse wiederholen oder überspringen? 155
Hilft Nachhilfe? 159
Sind Lerntrainer und Lernsoftware eine gute Lösung? 163
Wo bekomme ich Unterstützung? 166

Mein Kind möchte nicht mehr zur Schule gehen 168
Was kann ich bei Schulangst und Schulverweigerung tun? 168
Was kann ich bei Schwierigkeiten mit der Klasse tun? 171
Was kann ich bei Schwierigkeiten mit der Lehrerin tun? 174

Und meine eigenen Grenzen? 177
Wie geht es mir, wenn mein Kind Schwierigkeiten hat? 178
Wie kann ich mit den Belastungen umgehen? 180

Betreuung, Hort oder Ganztagsschule: Was tut mir und meinem Kind gut? 182
Welche Vor- und Nachteile haben die Betreuungsformen? 183
Wo wird mein Kind die Hausaufgaben anfertigen? 188
Wie gehen wir mit fehlerhaften Hausaufgaben um? 191

Wie kann ich mit Schule und Lehrkraft zusammenarbeiten? 193
Welche Erwartungen hat die Schule an uns Eltern? 194
Was können wir Eltern von der Schule erwarten? 195
Was kann ich bei Schwierigkeiten für mein Kind tun? 198

Einige Worte zum Schluss 202

Anhang:
Hilfreiche Internetadressen 204

Literatur 207

Über die Autorin 211

Einleitung

Wird mein Kind in der Schule klarkommen? Wird es Freunde finden, sich dort wohlfühlen und Erfolg haben? Wie kann ich ihm dabei helfen? Wird es sich von mir helfen lassen? Und wie werde ich selbst mit den neuen Anforderungen klarkommen? Gibt es Fehler, die ich vermeiden kann? Wenn Sie ein Kind haben, das bald eingeschult wird oder gerade in die Schule gekommen ist, dann werden Sie sich vermutlich die eine oder andere der genannten Fragen schon gestellt haben. Sie möchten das Beste für Ihr Kind, ohne genau zu wissen, was dieses »Beste« ist und wie Sie es erreichen können. Tatsächlich ist die Schule für Eltern schwer greifbar. Was dort im Einzelnen geschieht, bleibt Ihnen verborgen. Sie erleben nur, wie Ihr Kind morgens in die Schule geht und mittags von dort zurückkehrt. Anders als im Kindergarten ist es nicht vorgesehen, dass Sie kurz vorbeischauen oder eine Frage stellen können. Dies ist für Sie vermutlich eine große Umstellung und Sie fragen sich: Wie kann ich unterstützen, wenn ich so wenig Einblick habe? Was wird von mir erwartet?

Vielleicht haben Sie schon viele Tipps und Erfahrungsberichte gehört, zum Teil auch sehr widersprüchliche. Sie suchen nun Orientierung: Was hilft meinem Kind wirklich? Woran erkenne ich einen guten Tipp? Was ist wichtig, was nicht?

Möglich ist darüber hinaus, dass beim Thema Schule Ihre eigenen Schulerfahrungen noch immer sehr prägend sind. Auch die

Frage, wie Ihre eigenen Eltern sich zu Ihren schulischen Erfolgen und Schwierigkeiten verhalten haben, kann hier eine Rolle spielen. Vielleicht grenzen Sie sich bewusst von Ihren Eltern ab oder Sie übernehmen ohne großes Nachdenken etwas, das Sie eigentlich gar nicht wollen.

Es gilt also: Die Schule ist eine große Herausforderung für alle. Zum einen muss Ihr Kind lesen, schreiben und rechnen lernen und noch viele weitere Entwicklungsaufgaben meistern, beispielsweise im sozialen Bereich. Zum andern müssen auch Sie als Eltern sich neuen Anforderungen stellen. Und nicht zuletzt verändert der Schuleintritt eines Kindes auch das Leben der Geschwister. Der Tagesablauf der ganzen Familie orientiert sich nun an der Schule und der Rhythmus von Schul- und Ferienzeit wird für Jahre bestimmend. Ein neuer Lebensabschnitt beginnt.

Im Fokus dieses Buches steht die Frage, wie Sie als Eltern Ihr Kind in der Grundschulzeit begleiten und unterstützen können, sodass es gerne und erfolgreich in die Schule geht. Daneben geht es aber immer auch um die Frage, was von Eltern überhaupt leistbar ist. Simple Antworten werden Sie in diesem Buch nicht finden. Zu verschieden sind die Kinder und ihre Eltern und zu komplex die jeweiligen schulischen Herausforderungen.

Was Ihnen stattdessen hier angeboten wird, ist Folgendes: Sie erhalten aktuelle Informationen und fundiertes Hintergrundwissen zu den wichtigsten Themen der Grundschulzeit. So verstehen Sie vieles besser und werden sicherer. Sie können hinter die Dinge und Probleme schauen und neue Informationen einordnen. Es wird deutlich, was wichtig und was unwichtig ist. Tragfähige Lösungen, die für Ihr Kind passen, lassen sich finden. Unnötige Konflikte werden vermeidbar. Auf diese Weise wird es Ihnen möglich, Gelassenheit zu entwickeln. Diese Gelassenheit wird sich auch auf Ihr Kind übertragen. Es spürt Ihre Zuversicht und weiß, dass es möglich ist, Schwierigkeiten zu überwinden. So kann die Grundschulzeit gelingen.

Der Ernst des Lebens?
So können wir den
Schulanfang gestalten

Die meisten Kinder freuen sich auf die Schule. Sie sehen den kommenden Anforderungen erwartungsvoll entgegen: Endlich einen Schulranzen tragen dürfen! Endlich zu den Großen gehören! Endlich lesen lernen! Anders ist es manchmal bei Kindern mit älteren Geschwistern. Sie hören unter Umständen, dass es im Kindergarten schöner sei als in der Schule.

Sinnvoll ist es, wenn Sie mit der Schule weder drohen (»Warte nur, wenn du erst in der Schule bist!«) noch diese zu positiv darstellen (»In der Schule sind lauter nette Lehrerinnen und du findest bestimmt tolle Freunde.«). Sie können Ihrem Kind vorhandene Ängste eher dann nehmen, wenn Sie ihm erste Einblicke in die noch unbekannte Welt der Schule ermöglichen. Dazu können Sie eine nahe gelegene Schule besuchen oder auch zu Hause ins Gespräch kommen. Als Gesprächsanlass können Bilder- oder Geschichtenbücher dienen. Ebenfalls empfehlenswert ist eine Spieltafel mit Kreide und Schwamm. Sie kann Rollenspiele anregen und dabei helfen, Gehörtes aufzugreifen und Ängste zu verarbeiten.

Sollten Sie noch überlegen, auf welche Schule Sie Ihr Kind schicken und wie Sie es betreuen lassen wollen, so finden Sie hierzu in Kapitel »Betreuung, Hort oder Ganztagsschule« einige Anhaltspunkte, um zu einer guten Entscheidung zu gelangen.

Und nun? Was können Sie vorbereitend für Ihr Kind tun? Im Folgenden finden Sie Überlegungen und Ideen, die Sie den Schulanfang leichter meistern lassen. Sie informieren und bieten praktische Hinweise, damit Ihr Kind gut vorbereitet ist. So können Sie dem Schulanfang gelassen entgegensehen.

Wie bereiten wir uns auf den Schulanfang vor?

Eine Vorbereitung auf die Schule findet schon im Kindergarten statt: Zumeist besuchen die Maxi-Kinder des Kindergartens gemeinsam die nahe gelegene Grundschule. Oftmals kommt auch eine Lehrerin der Schule in die Kindertagesstätte. Diese Begegnungen sind sehr wichtig, um den Übergang vom Kindergarten in die Grundschule zu erleichtern und die Schule greifbar werden zu lassen.

Sie selbst können auch die Anmeldung an der Schule für einen Rundgang mit Ihrem Kind durch das Gebäude nutzen. Ebenso ist es möglich, zum Sommerfest der örtlichen Schule zu gehen oder zur Schule zu spazieren und die Spielgeräte auf dem Pausenhof auszuprobieren. Bei dieser Gelegenheit können Sie auch den späteren Schulweg gemeinsam abgehen und vorhandene Gefahrenpunkte besprechen. Vielleicht kann Ihr Kind zukünftig auch schon alleine in den Kindergarten gehen und so an Selbstständigkeit gewinnen.

Was macht eine gute Vorbereitung auf den Schulanfang aus? Im Folgenden finden Sie Überlegungen und Ideen für drei wichtige Bereiche:

Was macht mein Kind fit für die Schule?

Die grundlegenden Fähigkeiten für die Schule erwirbt ein Kind über Jahre hinweg im Alltag. Auch in der Kindertagesstätte lernt es viele schulbezogene Dinge. So übt es sich zum Beispiel darin, sich in einem Sitzkreis am gemeinsamen Gespräch zu beteiligen und sich dabei an Gesprächsregeln zu halten. Ebenso wird es durch Kneten, Malen, Werken und anderes mehr in seinen feinmotorischen Fähigkeiten gefordert und gefördert. Wenn Sie den Eindruck haben, dass Ihr Kind in einem wichtigen Bereich noch deutliche Schwierigkeiten hat, so ist es hilfreich, wenn Sie dies in der Kita ansprechen. Dann kann eventuell noch vor Schulbeginn Förderung einsetzen. Vielleicht erfahren Sie aber auch, dass Ihre Sorgen unbegründet sind.

Zu Hause können Sie Ihr Kind vor und während der Grundschulzeit am besten fördern, wenn Sie ihm viel Gelegenheit zu freiem Spiel und zur Bewegung an der frischen Luft geben und den Medienkonsum einschränken. Sofern Sie sich Zeit nehmen können, fördern Sie Ihr Kind durch gemeinsame Spiele, durch Vorlesen, Erzählen, Gespräche, Singen, Kochen, Backen, Malen, Basteln oder Bewegen. Dies gilt vor allem dann, wenn Sie selbst Freude an diesen Tätigkeiten haben. Hierbei kann Ihr Kind Ausdauer, Genauigkeit, Konzentrationsfähigkeit, Kreativität oder sprachliche Ausdrucksfähigkeit ganz nebenbei erwerben.

Spezielle Vorschulübungen sind nicht erforderlich und zumeist auch nicht förderlich.

In der Schule muss Ihr Kind sich viel mehr als bisher selbst organisieren. Es muss beispielsweise ohne Hilfe Knöpfe und Reißverschlüsse öffnen und schließen können und selbst auf seine Dinge achten. Deshalb ist es gut, wenn Sie überlegen, ob Ihr Kind Folgendes schon alleine kann oder noch üben sollte:
- Sich zügig an- und ausziehen
- Schnürsenkel binden
- Zur Toilette gehen und dabei auf Hygiene achten
- Schul- und Sportsachen zuverlässig ein- und auspacken

14 Der Ernst des Lebens? So können wir den Schulanfang gestalten

Ein gutes Übungsfeld kann beispielsweise das Kinderturnen oder der Schwimmkurs sein. Hier können Sie Ihr Kind begleiten, zurückhaltend beobachten und ihm dann rückmelden, was ihm schon gut gelingt, bzw. ihm zeigen, was noch zu lernen ist.

Im Unterricht hilft es Ihrem Kind sehr, wenn es mit seinen Schreibsachen selbstständig umzugehen vermag. Fragen Sie doch Ihr Kind, wie gut es die folgenden Dinge schon kann:

- Stifte spitzen
- Radiergummi benutzen
- Papiere von Blöcken abreißen
- Blätter einheften

Nicht zuletzt ist es hilfreich, Namen und Adresse zu kennen:

- Den eigenen Vor- und Nachnamen und auch die Namen der Eltern
- Die eigene Adresse und Telefonnummer
- Den eigenen Vornamen oder mindestens die Anfangsbuchstaben von Vor- und Nachnamen schreiben können

Vielleicht ist es sinnvoll, das eine oder andere nochmals aufzugreifen und zu üben. Dann kann sich Ihr Kind in der Schule leichter auf die Inhalte konzentrieren und muss sich nicht mit scheinbar Nebensächlichem abmühen.

Sollen wir das Kinderzimmer umgestalten?

Regelmäßig taucht mit Blick auf den Schulanfang die Frage auf, ob nun das Kinderzimmer umgestaltet werden soll. In vielen Familien wird dann ein Schreibtisch mit einem zugehörigen Stuhl gekauft.

Mia wurde vor Schulbeginn sechs Jahre alt. Ihre Geburtstagsüberraschung war ein eigener Schreibtisch mit einem Schreibtischstuhl. Mias

Eltern hatten schöne und kindgerechte Möbel ausgesucht. Sie räumten das Zimmer um und bauten alles passend auf. Am Geburtstag schien Mia sich zu freuen und probierte alles einmal aus. Nun geht sie in die dritte Klasse und macht ihre Hausaufgaben nach wie vor am Esstisch. »Das hätten wir uns sparen können!«, sagt Mias Mutter mit Blick auf den Schreibtisch. Ihr Mann meint dazu: »Du hättest sie von Anfang an in ihrem Zimmer arbeiten lassen sollen!«

Der eigene Schreibtisch ist ein sichtbares Zeichen dafür, dass nun ein Schulkind zur Familie gehört. Häufig wird der Schreibtisch in den ersten Schuljahren allerdings kaum genutzt. So wie Mia arbeiten viele Kinder lieber dort, wo sich die Familie aufhält und eine Ansprechperson zur Verfügung steht, und wechseln erst spät in ihr eigenes Zimmer. Insofern ist ein Kinderschreibtisch, der nicht mitwächst, oftmals eine Fehlinvestition.

Wenn Sie einen Schreibtisch und einen passenden Stuhl aussuchen möchten, so finden Sie im Internet vielfältige Informationen (vgl. Anhang). Allgemein kann auf die folgenden Punkte geachtet werden:

- Höhenverstellbarer Tisch und Stuhl zum Mitwachsen
- Tischplattengröße mindestens 110 × 60 cm
- Tischplatte in der Neigung verstellbar und mit Leiste gegen das Herabfallen von Gegenständen bei schräg gestellter Arbeitsplatte
- Dynamisches Sitzen, zum Beispiel durch Luftpolster-Sitzkissen oder Sitzball
- Licht für Rechtshänder von vorne und von links und für Linkshänder entsprechend von vorne rechts
- Tischplatte nicht direkt an der Heizung

Damit ein mitwachsender Tisch bzw. ein solcher Stuhl seine Möglichkeiten entfalten kann, muss er regelmäßig an die aktuelle Körpergröße des Kindes angepasst werden. Ihr Kind sollte beim Sitzen die Füße flach auf den Boden stellen und dann die Oberschenkel waagerecht oder leicht abfallend halten können. Wenn die Oberarme locker nach unten hängen, so sollten bei um 90 Grad angewinkelten Ellbogen die Hände locker auf der Tischplatte liegen. Besonders wichtig ist aber, dass ein Kind nicht zu lange in der gleichen Haltung an seinem Schreibtisch sitzt.

Was sollten wir vor Schulbeginn noch besorgen?

An vielen Schulen erhalten Eltern am Schuljahresanfang Listen mit Dingen, die zu besorgen sind. Manche Lehrkräfte kaufen Hefte und Schnellhefter auch für die ganze Klasse und sammeln das Geld später ein. Insofern ist es besser, wenn Sie vorab nur wenig einkaufen. Eine Grundausstattung besteht im Wesentlichen aus Folgendem:
- Übersichtliches Mäppchen mit hochwertigen dicken Buntstiften (ca. 12 Stück) und zwei Bleistiften (Härte HB oder B 1) sowie einigen Filzstiften (Füller zumeist erst ab Klasse 2)
- Schere, großes und kleines Lineal, Klebestift, verschließbarer Dosenspitzer, hochwertiger Radiergummi
- Proviantdose
- Dicht schließende und leicht zu reinigende Trinkflasche
- Sportzeug für die Halle

Es ist sinnvoll, alles mit dem Namen Ihres Kindes zu beschriften.

Die meisten Kinder dürfen sich ihren Schulranzen schon einige Monate vor Schulbeginn aussuchen. Für eine gute Kaufentscheidung können Sie sich an den folgenden Punkten orientieren.
So sollte ein guter Schulranzen sein:
- Leicht und bequem
- Mit gepolsterten und mitwachsenden Tragegurten
- Dicht am Rücken anliegend
- Stabil und standfest

- Gut sichtbar, mit hellen Flächen und Reflektoren
- Wasserdicht
- Mit praktischer Inneneinteilung, einem Extrafach für Proviant und einem Außenfach für einen nassen Schirm

Wichtig ist, dass der Schulranzen gemeinsam ausgewählt wird. Er sollte Ihrem Kind gefallen und auch gut passen.

Wie gestalten wir den ersten Schultag?

Zumeist beginnt die Grundschulzeit mit einer Einschulungsfeier, zu der Kinder, ihre Eltern und Großeltern sowie Geschwister und Paten eingeladen sind. Diese Feier wird oftmals in der folgenden Weise gestaltet: Nach einem freiwilligen ökumenischen Gottesdienst gibt es zunächst eine Begrüßung und einige Lieder und Darbietungen der älteren Kinder in der Aula. Danach geht jede Lehrkraft mit ihrer Klasse für beispielsweise eine halbe Stunde in das eigene Klassenzimmer.

In dieser Zeit unterhalten sich die Eltern bei Kaffee und Kuchen, während die Geschwister auf dem Pausenhof spielen. Im Klassenzimmer findet ein erstes Kennenlernen statt. Vielleicht wird ein Spiel gespielt oder eine Geschichte vorgelesen oder ein Buchstabe kennengelernt. Es kann sinnvoll sein, wenn Sie Ihrem Kind erklären, dass es in der ersten Schulstunde noch nicht lesen, schreiben und rechnen lernen wird. Manche Kinder kommen in dieser Hinsicht nämlich mit großen Erwartungen und sind dann enttäuscht. Überhaupt ist es hilfreich, vorab mit dem Kind über seine Erwartungen an die Einschulungsfeier zu sprechen, damit es nicht unnötige Ängste und falsche Vorstellungen mit sich herumtragen muss.

> *In der ersten gemeinsamen »Schulstunde« suchen sich alle Kinder einen Platz im Klassenzimmer. Ben fragt die Lehrerin: »Darf ich neben meinem Freund sitzen?« Die Lehrerin bejaht dies sofort und wendet sich den anderen Kindern zu. Am Ende sitzen alle Kinder auf einem Stuhl mit Ausnahme von Ben. Die Lehrerin fragt ihn: »Ja, wo ist denn dein Freund?« Ben antwortet: »Ich habe keinen.« Und später löst sich das Rätsel: Ben hatte von vielen Menschen gehört, in der Schule würde er sicher einen Freund finden. Mit dieser Idee, dass sich der Freund einfach so finden ließe, ging er dann in die Schule. Seine Enttäuschung am Tag der Einschulung war unbeschreiblich.*

Zur Einschulungsfeier nehmen die Schulanfängerinnen und Schulanfänger ihren Schulranzen mit einem Mäppchen und Stiften sowie ihre Schultüte mit. Sofern Ihr Kind einverstanden ist, geben Sie ihm die Schultüte leer oder zumindest halb leer mit, damit es diese während der Feier gut halten kann. Lassen Sie Ihr Kind bestimmen, was es an diesem Tag anziehen möchte. Es sollte sich in seiner Kleidung wohlfühlen und nicht die Erwartungen von Eltern oder Großeltern erfüllen müssen. Wenn es möglich ist, so verabreden Sie vorab in der Kindertagesstätte, wer ein Gruppenfoto für alle aufnehmen wird.

In vielen Familien folgt der schulischen Feier ein Familienfest, das die Einschulung als ein bedeutsames und freudiges Ereignis würdigt. Hier sollte Ihr Kind im Mittelpunkt stehen und entscheiden dürfen, was es zu essen gibt und was gespielt wird. Die Geschwister müssen es dann ertragen, nicht an erster Stelle zu stehen. Sie können aber von Ihnen hören: »Du findest das jetzt nicht so gut, dass sich alles um deinen Bruder dreht. Aber ich verspreche dir: In zwei Jahren darfst du feiern!«

Der Trend, Feiern zum Schulanfang zunehmend aufwendig zu gestalten, verlangt nach einem kritischen Blick – hier sind eher wirtschaftliche als pädagogische Interessen im Spiel. Ihr Kind spürt Ihre Wertschätzung, Freude und Zuversicht auch dann, wenn Sie auf umfangreiche Vorbereitungen, vielfältige Dekorationen und besondere Events verzichten. Ebenso sollten Sie möglichen Erwartungen von Großeltern oder Paten nicht folgen und das Kind nicht gegen seinen Willen zu Darbietungen seines Könnens drängen. Manche Kinder mögen gerne zeigen, was sie schon gelernt haben, andere würden sich jedoch wie ein Zirkuspferd fühlen.

Wie gelingt die erste Schulwoche?

In der ersten Woche wachsen Sie und Ihr Kind langsam in das Schulleben hinein. Manches wird noch nicht gelingen, anderes wird leichter sein als erwartet. Insbesondere der neue Tagesablauf und der Schulweg sind oft ein Thema.

Den neuen Tagesablauf erproben

Für manche Familien ist es keine große Umstellung, für andere schon: Nun muss Ihr Kind jeden Morgen zur selben Zeit bereit sein. Damit ein guter Start in den Tag leichter gelingt, können Sie folgende Punkte bedenken bzw. ausprobieren:

- Morgens frühzeitig aufstehen, damit keine Hetze aufkommt
- In aller Ruhe und ausgiebig frühstücken
- Proviant absprechen und einpacken lassen
- Rechtzeitig von zu Hause losgehen
- Nach der Schule Zeit für Gespräche haben
- Eine gute Zeit für die Hausaufgaben finden (siehe Kapitel »Hausaufgaben«)
- Den Schreibtisch vor und nach den Hausaufgaben aufräumen
- Proviantdose und Trinkflasche sowie Sportsachen nachmittags aus dem Schulranzen herausnehmen lassen

- Eventuell Papiere einheften oder Elternbriefe herausholen
- Den Schulranzen mithilfe des Stundenplans schon für den nächsten Morgen packen und dabei auf ein geringes Gewicht achten
- Den Abend ruhig ausklingen lassen
- Rechtzeitig ins Bett gehen

Manche Eltern finden es gut, den neuen Tagesablauf schon vorab zu erproben, um den Übergang vom Kindergarten in die Schule zu erleichtern. Davon sind jedoch die wenigsten Kinder begeistert. Den Sinn solcher »Trockenübungen« sehen sie kaum. Sie wollen lieber die freien Tage noch genießen. Insofern können Sie Ihrem Kind ein solches Erproben vor Schulbeginn vorschlagen, ohne jedoch darauf zu beharren. Sinnvoll kann es allerdings sein, bei Spätaufstehern langsam den Tagesbeginn nach vorne zu verlegen.

Den Schulweg bewältigen

Wenn Ihr Kind einen langen und gefahrenreichen Schulweg zu bewältigen hat, braucht es hierfür anfangs Unterstützung. Viele Kinder werden an den ersten Schultagen von den Eltern zur Schule begleitet, was häufig sinnvoll ist. Auf Dauer ist dies jedoch keine gute Lösung. Wenn Ihr Kind immer nur mit Ihnen zur Schule geht, gewinnt es keine Selbstständigkeit in diesem Punkt und kommt nicht so leicht mit anderen Kindern in Kontakt.

Lassen Sie Ihr Kind so bald wie möglich mit anderen Kindern zur Schule gehen.

Fahren Sie es mit dem Auto, fehlen ihm außerdem Bewegung und (mehr oder weniger) frische Luft. Wenn der Schulweg ohne Auto nicht machbar ist, dann sollte Ihr Kind wenigstens einige hundert

Meter selbst gehen dürfen. Halten Sie dazu an einer ungefährlichen Stelle an, lassen Sie Ihr Kind auf der rechten Seite aussteigen und dann selbstständig die letzte Strecke zur Schule gehen. Bei einem sehr gefährlichen Schulweg ist es sinnvoll, sich mit anderen Eltern zusammenzutun und tageweise abwechselnd eine ganze Gruppe von Kindern zu begleiten oder Fahrgemeinschaften zu bilden. Auf dem Weg können Sie dann immer wieder auf die Gefahrenpunkte hinweisen und beobachtend hinter den Kindern gehen. Besondere Vorsicht ist geboten bei Ampeln, die Fußgängern und motorisiertem Verkehr gleichzeitig Grün geben. Auch Verkehrsinseln, die Erwachsene als hilfreich empfinden, stellen für Kinder eine Gefahr dar. Sie schauen oft nur auf die linke Seite. Kommt von dort kein Fahrzeug, rennen sie dann über die ganze Straße. Gefährlich sind außerdem Ausfahrten oder Parkplätze, aus denen rückwärts herausgefahren wird. Allgemein gilt, dass Grundschulkinder Geschwindigkeiten noch nicht so gut einschätzen, Verkehrssituationen nicht so leicht überblicken und schon aufgrund ihrer Körpergröße vieles nicht sehen können. Außerdem lassen sie sich leicht ablenken.

Mit dem Fahrrad zur Schule fahren sollten Kinder deshalb frühestens ab der vierten Klasse nach bestandener Radfahrprüfung und natürlich mit einem Helm. Auch sollten sie grundsätzlich helle bzw. bunte Kleidung und ebensolche Schulranzen und Schirme tragen. Im Winter sind zusätzliche Reflektoren für Wege in der Dunkelheit wichtig.

Muss Ihr Kind schon in der Grundschule mit Bus oder Bahn fahren, ist das Besprechen und Einüben des Schulweges unverzichtbar: Es kommt darauf an, an der Haltestelle Abstand von den Gleisen oder der Straße zu halten. An das Fahrzeug darf erst herangetreten werden, wenn dieses stillsteht und die Türen geöffnet hat. In Bus oder Bahn sollte sich Ihr Kind hinsetzen oder gut festhalten. Es darf erst aussteigen, wenn das Verkehrsmittel die Zielstation erreicht und die Türen vollständig geöffnet hat. Muss zur Schule dann noch eine Straße überquert werden, sollten Sie Schülerlotsen einfordern.

Schulische Erlebnisse verarbeiten und Aufgaben meistern

Ihrem Kind hilft es sehr, wenn es mit Ihnen und anderen Menschen über das in der Schule Erlebte sprechen kann. Dies gilt auch für Kinder, die von sich aus wenig erzählen oder das Thema Schule eher aussparen. Bei ihnen ergeben sich wichtige Gespräche von Zeit zu Zeit nebenbei. Direkt erfragen können Sie beispielsweise:
- Wo sitzt du im Klassenzimmer und wie gefällt es dir da?
- Welche Räume gibt es in deiner Schule und wie kommst du da hin?
- Wo hängst du deine Jacke auf?
- Hast du Zeit, etwas zu essen und zu trinken?
- Wann gehst du auf die Toilette?
- Was könnt ihr in der großen Pause/in der Bewegungspause machen?
- Wen kannst du fragen, wenn du ein Problem hast?

Am Ende des dritten Schultages meldet sich Emma. Die Lehrerin sieht dies und sagt: »Ich habe dich gesehen, ich komme nachher zu dir.« Die Lehrerin möchte den Unterricht pünktlich mit der Schulglocke beenden, damit die Buskinder die Schule ohne Hetze verlassen können. Sie verabschiedet die Klasse und beginnt aufzuräumen. Da bemerkt sie, dass sie Emma vergessen hat, die noch immer auf ihrem Stuhl wartet. Sie geht zu ihrer Schülerin, die plötzlich zu weinen anfängt. Die Lehrerin ist bestürzt: Sie sieht, dass Emma in einer Pfütze auf ihrem Stuhl sitzt. Ihre Schülerin hatte in der Pause die Toilette nicht mehr gefunden. Nun hat sie eine nasse Hose und schämt sich sehr.

Manchmal sind es Kleinigkeiten, die Ihrem Kind ein großes Problem ersparen können. Dies kann wie bei Emma das Wissen um den Ort der Toilette sein oder beispielsweise ein größerer Aufhänger an der Jacke, damit dieser über den Garderobenhaken passt.

Viele Erfahrungen wird Ihr Kind nun alleine machen müssen und manches wird schiefgehen. Auch wenn ihm Schlechtes widerfährt, können Sie nicht sofort zur Stelle sein. Daher ist es sehr wichtig, dass Sie Ihr Kind darin bestärken, bei Unklarheiten nachzufragen und seine Anliegen selbst vorzubringen. Bei schwierigen Themen kann es hilfreich sein, wenn Sie sich vorab zu Hause zusammen mit Ihrem Kind überlegen, was es in der Schule zur Lehrerin oder zu einem Mitschüler sagen kann. Gemeinsam besprechen können Sie auch, was der Lehrerin gemeldet werden muss (Jede Gefahr! Alles, was Angst macht!) und was unter das sogenannte Petzen fällt (Kleinigkeiten, die sich auch ohne Lehrerin gut regeln lassen).

Sie tun gut daran, Ihrem Kind nicht zu viel abzunehmen. So sollte Ihr Kind möglichst vom ersten Tag an seine Schul- und Sportsachen selbst packen. Sie können ruhig dazukommen und fragen, was schon dabei ist und ob nicht noch etwas Bestimmtes fehlt. Die entscheidenden Handgriffe, also beispielsweise das Einpacken von Proviant oder Sportschuhen, sollten dann aber Sache des Kindes sein. Dann weiß es auch in der Schule sicher, was es dabeihat und was nicht.

Im Laufe der Schulzeit wird das Zusammensein mit Freunden immer wichtiger. Freunde geben Sicherheit und können helfen. Ein langer Heimweg mit einem guten Freund kann sehr entlastend wirken. Bei Krankheit kann ein Freund Informationen und Aufgaben vorbeibringen, die die Lehrkraft im besten Falle in eine Krankenmappe gelegt hat.

Grundschulfreunde sind oft Freunde fürs Leben.

Schön ist es, wenn Ihr Kind mit Freunden in die Schule gehen und diese nachmittags auf dem Spielplatz treffen kann. Sofern dies nicht möglich ist, können Sie vorschlagen, die neuen Sitznachbarn oder frühere Kindergartenfreunde nach Hause einzuladen. Kennt Ihr Kind noch niemanden in der Klasse oder ist es sehr schüchtern, so können Sie auch selbst aktiv werden und auf Eltern von Mitschülerinnen und Mitschülern zugehen.

Zumindest bei Kindern, die mit Bus oder Bahn zur Schule fahren müssen, taucht irgendwann die Frage nach einem Handy bzw. Smartphone auf. In aller Regel ist ein Handy für den Schulweg jedoch nicht notwendig. So kann beispielsweise verabredet werden, dass die Kindergruppe mittags bei einem Zugausfall zur Schule zurückgeht und sich dort im Sekretariat meldet. Wenn Sie als Eltern die Unsicherheit jedoch nicht gut aushalten können, dann haben Sie die Möglichkeit, ein einfaches Handy ohne Touchscreen auszuwählen. Auch dieses sollten Sie Ihrem Kind nur für den Schulweg geben und in der übrigen Zeit selbst verwahren. Denn eines ist sicher: Dem Reiz eines Handys und erst recht eines Smartphones kann sich ein Kind kaum entziehen. Für Telefonate mit den Eltern wird es dieses hingegen eher selten nutzen.

Welche schulischen Aufgaben Ihr Kind besonders herausfordern werden, lässt sich vorab nur in Teilen erahnen. Grundschulunterricht ist heute sehr vielgestaltig. Es ist möglich, dass die Klasse Ihres Kindes im Klassenzimmer in Reihen sitzt und die Schulbücher Seite um Seite durcharbeitet. Es kann aber auch sein, dass Ihr Kind sehr frei lernen und sich viel bewegen darf. Vielleicht berichtet es von Projekten und Stationen oder gehört zu einer jahrgangsgemischten Klasse an einer inklusiven Schule.

Pauls Eltern machten sich Sorgen mit Blick auf den Schulanfang. Ihr Sohn spielt sehr gerne draußen in der Natur. Er schätzt es nicht, wenn er auf einem Stuhl sitzen und ein Bild ausmalen soll. »Wie hält Paul da einen ganzen Vormittag in der Schule aus?«, fragte sich seine Mutter. Nun ist Paul schon einige Wochen in der Schule. Er hat noch immer keine Freude am Stillsitzen und Ausmalen. Aber: Er geht gerne in die Schule. Die Lehrerin bietet einen abwechslungsreichen Unterricht. Vor allem aber hat sie einen Hund namens Luna, den sie täglich in die Schule mitbringt. Luna ist ein ausgebildeter Therapiehund.

Paul freut sich jeden Morgen darauf, Luna wiederzusehen und zu streicheln. Manchmal darf er ihr auch Wasser und Futter geben. Kinder, die fertig mit ihren Aufgaben sind oder dringend mal eine kurze Pause benötigen, dürfen sich zu Luna legen und sie streicheln. Insgesamt verhält sich die Klasse sehr rücksichtsvoll, weil der Hund Lärm und Streit nicht mag.

Was auch immer Ihr Kind berichtet: Es ist gut, sich mit einer eventuell kritischen Einstellung zurückzuhalten. Solange Ihr Kind mit der vorhandenen Situation klarkommt, besteht erst einmal kein Grund, diese zu kritisieren. Auch lässt sich von außen vieles nur schwer verstehen und einordnen.

Das Wichtigste in Kürze

Der Schulanfang bedeutet eine große Herausforderung für Kinder und ihre Eltern.

Sie können Ihr Kind vorab unterstützen, indem Sie mit ihm immer wieder über den baldigen Schulbeginn sprechen und ihm Einblicke in das Schulleben ermöglichen. Auch hilft es Ihrem Kind, wenn Sie es beim An- und Ausziehen oder Ein- und Auspacken seiner Sachen zunehmend selbstständig werden lassen. So gelingt es ihm in der Schule leichter, die nötige Eigenorganisation zu zeigen. Spezielle Vorschulübungen sind hingegen nicht erforderlich.

Es ist schön, wenn Sie den Tag der Einschulung als Fest für Ihr Kind gestalten. Für das Gelingen dieses Fests sind aufwendige Vorbereitungen nicht erforderlich.

Der neue Tagesablauf und der Schulweg stellen zwei Herausforderungen dar, die es zu meistern gilt. Es ist hilfreich, wenn Sie Ihr Kind hier aufmerksam begleiten.

Der Eintritt ins Schulleben: Eine große Veränderung für alle

Der Schulanfang stellt eine große Veränderung für die ganze Familie dar. Spürbar wird dies am klar vorgegebenen Tagesablauf mit den täglichen Hausaufgaben und am steten Wechsel fester Schul- und Ferienzeiten. Bei den zeitlichen Vorgaben drückt niemand mehr ein Auge zu, hier gibt es keine Ausnahmen mehr. Für manche Familien wird die Betreuung in den Ferien schwierig, für andere sind die schulischen Vorgaben und Pflichten gewöhnungsbedürftig. In jedem Fall wird die Schule für Sie und Ihr Kind über viele Jahre hinweg zu einem bestimmenden Thema, dem Sie nicht entfliehen können. Geht Ihr Kind gerne in die Schule und lernt es leicht, so ist der Übergang in der Regel problemlos zu bewältigen. Kommt Ihr Kind mit den Anforderungen der Schule hingegen nicht gut klar und fühlt es sich dort nicht wohl, so kann die Veränderung zu einer Belastung werden.

Was ändert sich in unserer Familie bei Schulbeginn?

Die Schule bestimmt in hohem Maße das Familienleben. Sie verlangt eine Neuorganisation des Morgens und bedeutet letztlich einen neuen Umgang mit Zeit. So legt sie die Zeiten für das Frühstück und oft auch das Mittagessen fest und bestimmt, wann Ihr Familientag beginnt und endet. Vielleicht wird es schwierig für Sie, Ihrem Kind genügend Schlaf zu ermöglichen. Diesen braucht es jedoch unbedingt, um sich gesund zu entwickeln und gut lernen zu können.

Erst- und Zweitklässler benötigen durchschnittlich zehn bis zwölf Stunden Schlaf, während Dritt- und Viertklässler mit etwa neun bis elf Stunden auskommen.

Wenn ein Schulanfänger um sechs Uhr morgens aufstehen muss, um ausreichend Zeit für ein Frühstück und die Morgenhygiene zu haben und pünktlich den Schulbus zu erreichen, dann muss er abends zwischen 18 und 20 Uhr im Bett sein. Dies kann für eine Familie eine echte Herausforderung bedeuten, wenn sie ihren Tag bislang anders eingeteilt hat. Auch verträgt es sich unter Umständen schlecht mit Angeboten von Sportvereinen, die Ihr Kind möglicherweise interessieren. Sie könnten deshalb Ihr Kind vielleicht erst im zweiten oder dritten Schuljahr für ein abendliches Training im Verein anmelden und so auch eine gewisse Entzerrung der neuen Aufgaben für Ihr Kind erreichen. Schließlich kann es leicht überfordern, gleichzeitig mit der Schule, dem Vereinssport und eventuell dem Erlernen eines Musikinstruments zu beginnen.

Je nach Bundesland und Stadt oder Gemeinde sowie Schule kann es außerdem passieren, dass der Unterricht Ihres Kindes manchmal kurzfristig später beginnt oder früher endet, ausfällt oder verlegt wird. Auch Wandertage, Ausflüge oder Projekte verlangen von Ihnen unter Umständen eine hohe Flexibilität. Nicht immer wird überlegt, ob diese für berufstätige Eltern überhaupt möglich ist. Besonders Alleinerziehende stehen hier oft an der Grenze des Möglichen.

> *Es ist sieben Uhr morgens. Familie Thaler richtet sich für Schule und Arbeit. Da fragt der achtjährige Hannes seine Mutter:* »*Mama, hast du eine Häkelnadel für mich, so Stärke 4,5 oder so?*« *Hannes' Mutter ist entgeistert:* »*Du meinst im Ernst, ich soll jetzt eine Häkelnadel suchen?*« *Hannes nickt, seine Mutter sucht. Um 7.30 Uhr muss sie los zum Zug. Sie findet schließlich eine Häkelnadel, sogar in der richtigen Stärke, und gibt sie ihrem Sohn. Dieser bedankt sich erleichtert. Da fragt die Mutter ihren Sohn:* »*Brauchst du nicht auch Wolle?*« *Hannes reagiert begeistert:* »*Oh ja, gute Idee! Gerne verschiedene Farben!*«
>
> *Am Nachmittag bespricht Hannes Mutter den morgendlichen Vorfall mit ihrem Kind. Hannes' gelobt Besserung. Doch nur wenige Wochen später, wieder um sieben Uhr morgens, fragt Hannes:* »*Mama, hast du ein ausgeblasenes Ei für mich oder vielleicht zwei?*«

Mit dem Schuleintritt Ihres Kindes kommen also von außen neue Herausforderungen auf Sie zu. Nicht immer erfahren Sie von diesen so kurzfristig wie Frau Thaler, deren Sohn wohl vergaß, die Notiz der Lehrkraft rechtzeitig abzugeben.

Manches haben Sie auch selbst in der Hand. Insbesondere die Frage, wie häufig und in welcher Weise Sie die Schule thematisieren, liegt bei Ihnen. Da Familienmitglieder oftmals wenig Zeit füreinander haben, ist zu überlegen, ob das Thema Schule wirklich eine so herausragende Bedeutung erhalten soll. Vielleicht gelingt es Ihnen, die wenige gemeinsame Zeit nicht ständig für schulbezogene Fragen und Aktivitäten aufzuwenden. Wochenende und Ferien sollten mindestens in der Grundschulzeit schulfrei bleiben und der Erholung dienen. Spiel, Spaß und Bewegung an freien Tagen helfen Ihrem Kind letztlich dabei, an Schultagen leistungsbereit und leistungsfähig zu sein. Vor allem aber machen sie Freude und tun gut.

Wie entwickelt sich unser Kind als Schulkind?

Maxi-Kinder sind in der Kindertagesstätte die Großen. In der Schule sind sie dann wieder die Jüngsten. Dies ist keine leichte, aber eine wichtige Erfahrung. Sie wird sich auf die eine oder andere Art im Leben noch mehrfach wiederholen. Vielleicht bekommt Ihr Kind in der Schule einen Paten oder eine Patin aus einer höheren Klasse zur Seite gestellt, damit der Übergang leichter gelingt. Hilfreich kann für Ihr Kind auch eine jahrgangsgemischte Klasse sein, in der sich die Zweitklässler um die Schulanfängerinnen und Schulanfänger kümmern und die Kinder voneinander lernen. Diese kennen sich vielleicht auch noch aus der Kita-Zeit.

Lernen in jahrgangsgemischten und inklusiven Klassen

Jahrgangsgemischte Klassen haben den Vorteil, dass die Kinder sehr einfach, also ohne ein Wiederholen oder Überspringen, ein bis drei Jahre darin verbringen können. Danach treten sie in die dritte Klassenstufe ein. Dieses flexible Verweilen in der sogenannten Schuleingangsstufe kann auch für jene Kinder eine gute Lösung sein, die besonders früh (mit fünf Jahren) oder spät (mit sieben Jahren) eingeschult wurden. Gleichwohl bleiben die meisten Kinder zwei Jahre in dieser Klasse.

Untersuchungen (vgl. zum Beispiel Übersicht in Wagener, 2014) zeigen:

> Für die Leistungsentwicklung ist es unerheblich, ob Grundschulkinder Jahrgangsklassen oder jahrgangsgemischte Klassen besuchen.

Im sozialen Bereich scheinen jahrgangsgemischte Klassen aber leichte Vorteile zu bieten. Ähnlich uneindeutig sehen die Befunde für inklusive Klassen aus, wobei letztlich die konkreten Bedingungen bedeutsam sind: Wie viele Kinder in der Klasse haben welchen sonderpädagogischen Förderbedarf? Welche Qualifikation hat die fördernde Kraft? Wie viele Stunden ist sie da und für wie viele Kinder ist sie zuständig? Traut sich die Klassenlehrkraft die Arbeit zu? (Vgl. zum Beispiel Merz-Atalik, 2013)

Einschulung mit fünf, sechs oder sieben Jahren?

Manche Eltern machen sich Gedanken darüber, ob sie ihr Kind passend zur sogenannten Stichtagsregelung einschulen sollen. Damit ist gemeint, dass jene Kinder im Herbst in die Schule kommen, die – je nach Bundesland – bis Ende Juni bzw. bis Ende September sechs Jahre alt geworden sind bzw. werden. Vielleicht überlegen Sie, ob Sie Ihr Kind vorzeitig einschulen oder aber zurückstellen lassen wollen. Eine Entscheidung ist hier in vielen Fällen schwierig, weil Sie im Frühjahr zur Zeit der Schulanmeldung nur schwer die weitere Entwicklung absehen können. Hilfreich ist es, sich Rat und Einschätzung von außen zu holen, also von der Kita, der Schule, dem Kinderarzt und eventuell einer Beratungsstelle. Die frühere Idee, ein einziger Schulreifetest könne Klarheit verschaffen, hat sich allerdings als nicht haltbar herausgestellt. Auch der Zahnwechsel oder die Körpergröße sind kein Kriterium mehr. Heute weiß man, dass verschiedene Bereiche (kognitiv, sozial, emotional, motivational) bedeutsam sind. Entscheidend sind insbesondere:

- Freude am Denken, Lernen, Üben und Fragen
- Sprachliche Fähigkeiten
- Merkfähigkeit
- Fähigkeit, sich zwischen anderen zu behaupten

- Fähigkeit, eigene Bedürfnisse zurückzustellen
- Selbstständigkeit und Ausgeglichenheit

Letztlich können Sie aber nie eine perfekte Entscheidung treffen, sondern nur eine möglichst gute.

Chancen für die individuelle Entwicklung

Fast immer machen Erstklässler in der Zeit nach dem Schulanfang eine deutlich erkennbare Entwicklung durch. Die neue Umgebung mit den neuen Anforderungen und verschiedenen Menschen löst einen Schub aus. Nicht alles, was Ihr Kind von der Schule mitbringt, wird Sie dabei erfreuen. So werden Sie zum Beispiel mit hoher Wahrscheinlichkeit vermehrt Schimpfwörter und vulgäre Redewendungen hören. Geht Ihr Kind an eine Schule mit Sekundarstufe, so trifft es außerdem in der Aula, im Pausenhof und an anderen Stellen auf die Themen und Ausdrucksweisen von Jugendlichen.

Die Begeisterung, die die meisten Schulanfängerinnen und Schulanfänger in den ersten Tagen zeigen, schwindet in vielen Fällen im Verlauf der Wochen. Ebenso können skeptische Kinder wie Leon aber auch erkennen, dass ihre Befürchtungen unbegründet waren und der Wechsel in die Schule für sie einen Gewinn bedeutet:

Leon wollte überhaupt nicht in die Schule. Das sagte er auch jedem, der ihn danach fragte. Einen Grund nannte er nicht, denn für ihn war die Sache klar. Von seinem älteren Bruder wusste er, was es bedeutet, in die Schule zu gehen: langes Stillsitzen, langweiliges Schreiben, eine strenge Lehrerin und stundenlange Hausaufgaben. Nun geht er seit fünf Wochen in die Schule und findet nicht das vor, was ihm sein Bruder berichtet hat, im Gegenteil. Er überlegt sich, wie das alles zusammenpassen könnte. Da kommt ihm eine Idee: Er wird sich bei jener Person erkundigen, die es aus seiner Sicht am besten wis-

sen muss. *Am nächsten Morgen geht er zu seiner Lehrerin und fragt: »Gell, Schule ist blöd?« Seine Lehrerin ist kurz davor, die Aussage auf sich zu beziehen. Etwas in Leons Frage bewegt sie aber zu der Rückfrage: »Wie kommst du darauf?« Nun kann Leon es aussprechen und zur Diskussion stellen: »Das sagt mein Bruder.«*

Ob Ihr Kind zu jenen gehört, die ihre Grundschulzeit insgesamt als sehr positiv oder als hoch problematisch erleben, lässt sich vorab nur erahnen. Sicher ist hingegen, dass im Laufe der Schuljahre bei jedem Kind das eine oder andere Problem auftritt. Werden diese Probleme nicht übermächtig, bieten sie immer auch die Chance, daran zu wachsen. Kinder können so beispielsweise die Erfahrung machen, dass sich ein Lernproblem überwinden lässt oder ein Streit wieder beigelegt werden kann.

Was bedeutet es für uns Eltern, ein Schulkind zu haben?

Den Abschied von der Kindergartenzeit und den Beginn der Schulzeit können Eltern verschieden erleben: Vielleicht empfinden Sie Wehmut oder Sorge und können nur schwer loslassen. Nun wird Ihr Kind groß und wird seine Wege ohne Sie gehen. Vielleicht sind Sie aber auch stolz, neugierig oder erleichtert, dass nun eine neue Zeit anbricht. In jedem Fall ist dieser Übergang nicht nur für Ihr Kind, sondern auch für Sie eine Herausforderung und markiert einen neuen Lebensabschnitt – ganz besonders dann, wenn Ihr erstes oder einziges Kind in die Schule kommt.

Mit dem Schuleintritt Ihres Kindes kommen in gewissem Sinn auch Sie ein weiteres Mal in die Schule.

Ihre eigenen Schulerfahrungen aus Ihrer Kindheit prägen Ihre Erwartungen stark, ohne dass Ihnen das bewusst werden muss. Schon im Gespräch mit anderen Eltern zur Frage »Wie haben wir die Grundschule erlebt?« merken Sie, dass jeder und jede an etwas anderes denkt. Die einen erinnern sich an gemeinsame Spiele mit Freunden und tolle Ausflüge, die anderen erzählen von Überforderung, Langeweile, Ängsten und Beschämung. Es ist gut, wenn es Ihnen gelingt, ein wenig Abstand von Ihren Erfahrungen zu gewinnen. Diese sollten keinen Maßstab für Ihr Kind bilden. Vielleicht erlebt Ihr Kind die Schule ganz anders als Sie. Letzteres ist vor allem dann zu erwarten, wenn Sie als Mutter einen Sohn bzw. als Vater eine Tochter in die Schule schicken.

In der Schule lernt Ihr Kind und wird gefördert. Gleichzeitig werden dort aber auch seine Leistungen gemessen und bewertet. Es ist nicht einfach, mit dieser doppelten Zielsetzung von Schule umzugehen. Vielleicht spüren auch Sie schon den wachsenden Druck, ein leistungsstarkes, unproblematisches, freundliches, selbst- und regelbewusstes – eben gut erzogenes – Kind zu haben. In gewisser Weise werden auch Eltern von der Schule (mit-)bewertet: Haben sie alles »richtig« gemacht? Wenn es Ihnen gelingt, diesen Druck nicht an Ihr Kind weiterzugeben bzw. ihn zumindest abzuschwächen, dann haben Sie viel geleistet. Tatsächlich zeigen Untersuchungen, dass nach dem Schulanfang häufig eine Veränderung der Eltern-Kind-Beziehung eintritt: Eltern sehen ihre Kinder nun mit einer »Schulbrille«. Andere Themen werden unwichtig. Stärken und Interessen außerhalb des Schulischen werden weniger wahrgenommen. Besonders problematisch stellt sich dieses Thema bei Kindern mit erhöhtem Förderbedarf dar. Hier ist die Frage der schulischen Ansprüche ständig da.

Familie sollte aber der Ort sein, an dem ein Kind mit all seinen Facetten gesehen wird – und nicht nur als Schüler.

Das Wichtigste in Kürze

Der Schulanfang stellt eine große Herausforderung für das Kind und die ganze Familie dar. Der Tagesablauf und der Jahresrhythmus werden nun von der Schule bestimmt. Pünktlichkeit und Zuverlässigkeit werden erwartet. Auf die Bedürfnisse berufstätiger Eltern wird nicht immer Rücksicht genommen. Die Betreuung in den Ferien kann ein schwieriges Thema werden.

Um den Kindern den Übergang zu erleichtern, gibt es an manchen Schulen Patenschaften. Auch jahrgangsgemischte Klassen können dem Kind helfen, in der Schule gut anzukommen. Mit Blick auf die Leistungsentwicklung haben jahrgangsgemischte Klassen weder Vor- noch Nachteile.

Mit dem Schuleintritt wird das Kind zum Schüler. Eltern müssen lernen, es loszulassen. Gleichzeitig wird die Schule auch in der Familie ein Thema. Eltern werden wieder mit ihrer eigenen Schulvergangenheit konfrontiert. Manche spüren auch den Druck von außen, ein erfolgreiches Schulkind vorweisen zu können. Es ist wichtig, die Familie als einen Ort zu erhalten, an dem das Kind vor allem Kind sein darf und nicht nur Schüler ist.

Mein Kind lernt lesen

Kaum etwas gehört so sehr zur Schule wie das Lesenlernen. Und tatsächlich kann das Lesenlernen und die dann erworbene Lesekompetenz etwas Wunderbares sein, das stolz macht und Ihrem Kind ganz neue Möglichkeiten eröffnet. Nun ist es tatsächlich groß! Jetzt kann es sich selbst informieren und muss nicht mehr warten, bis Sie ihm etwas vorlesen. Jetzt kann es selbst lesen, wann und wo etwas stattfindet, welche Zutaten ein Rezept vorsieht oder was auf der Speisekarte im Restaurant steht.

Ein Kind, das lesen kann, wird unabhängig.

Manchen Kindern fällt das Lesenlernen sehr leicht. Sie lernen es mehr oder weniger beiläufig von den älteren Geschwistern oder bringen es sich mithilfe von Büchern selbst bei. Andere tun sich schwer mit dieser neuen Anforderung. Ihre Eltern fragen sich, woher die Schwierigkeiten kommen könnten, ob diese noch »normal« sind oder ob etwas unternommen werden sollte.

Hier hilft die Beantwortung folgender Fragen: Wie lernen Kinder lesen? Welche Schwierigkeiten unserer Schrift sind zu bewältigen, welche Leselernmethoden gibt es? Welche Fähigkeiten benötigen Kinder zum Lesen? Wie können Sie Ihr Kind unterstützen und motivieren?

Wie lernen Kinder lesen?

Unsere Schrift bildet Laute ab. Anders als beispielsweise chinesische Schriftzeichen oder ägyptische Hieroglyphen verweisen unsere Buchstaben und Wörter nicht auf Bedeutungen. So wird, für jüngere Kinder durchaus erstaunlich, beispielsweise der lange Gegenstand »Zug« mit einem sehr kurzen Wort wiedergegeben: Ein Objekt mit mehr als hundert Metern Länge wird mithilfe von drei Buchstaben abgebildet. Äußerlich haben unsere Schriftzeichen nichts mit dem Gemeinten zu tun.

Vielen Erwachsenen ist gar nicht klar, wie schwer es ist, lesen zu lernen. Auch wissen sie nicht, wie unsere Schrift entstanden ist und welche Schwierigkeiten aus dieser Entstehung resultieren. Deshalb finden Sie im Folgenden zunächst sehr kurz die Geschichte unserer Schrift skizziert. Anschließend gilt es nachzuvollziehen, was Kinder leisten müssen, um einer Abfolge von Buchstaben Sinn zu entnehmen.

Wie hat sich unsere Schrift entwickelt?

Die Entwicklung unserer heutigen Schrift begann im Mittelalter mit der Übernahme lateinischer Schriftzeichen. Im Prinzip galt damals die eigentlich praktische Regel »Schreib, wie du sprichst!« und damit auch, umgekehrt formuliert: »Lies, was du siehst!« Allerdings gab es nicht für alle Laute Schriftzeichen. So mussten beispielsweise Hilfsdarstellungen entwickelt werden, um Wörter wie »Beet« und »Bett« unterscheiden zu können. Außerdem gab es überzählige Schriftzeichen (zum Beispiel das »z« für »ts«), sodass ein Laut mittels verschiedener Zeichen abgebildet werden konnte.

Noch lange gab es keine allgemeingültigen Regeln, wie zu schreiben war. Auch Kreativität war erlaubt. Insbesondere Buchstaben mit Ober- und Unterlänge (zum Beispiel f, g, h) wurden gerne vielfach

Wie lernen Kinder lesen? 37

verwendet, weil sie ein schönes Schriftbild ergaben. So schrieb man, durchaus lauttreu, zum Beispiel »scharrff« oder »zweyffel«, fügte dem Wort »mon« ein »h« hinzu (heute: »Mohn«) oder entwickelte die »dt«-Schreibung (zum Beispiel »Stadt«) aus rein ästhetischen Motiven. Hinzu kam, dass die Buchdrucker nach Lettern bezahlt wurden und so ein verständliches Interesse daran hatten, in einem Wort möglichst viele Buchstaben unterzubringen. Schließlich gab es mit den Jahrhunderten sprachliche Veränderungen in der gesprochenen Sprache, die in der Schriftsprache nicht umgesetzt wurden. Beispielsweise sprach man früher »li-eb« und »gema-hel«. Bis heute sind uns diese Entwicklungen als »langes i« und »Dehnungs-h« geblieben.

Heute zeigen sich diese Entwicklungen darin, dass unsere Schrift zwar eigentlich Laute abbildet, dabei aber sehr weit von der Regel »Schreib, wie du sprichst!« bzw. »Lies, was du siehst!« entfernt ist. Deutlich wird dies bei den folgenden Beispielen:

Schreibung laut Duden	Lauttreue Schreibung
Fahrrad	farat
Schlagzeug	schlaktsoik
Vieh	fi
Stadtteil	schtattail

Insofern ist die Vorstellung, geschriebene Wörter könnten einfach Buchstabe für Buchstabe und damit Laut für Laut gelesen werden, nicht sachgerecht.

> So verschieden können Buchstaben gesprochen werden:
> Beispiel 1: Der Buchstabe »e« wird in diesen Verbindungen sehr unterschiedlich gesprochen: gehen, Ei, lieb, neu, Mutter
> Beispiel 2: Der Buchstabe »h« wird in diesen Verbindungen sehr unterschiedlich gesprochen: sehen, Sohn, ich, Schule

Hinzu kommt als weitere Schwierigkeit, dass einige Buchstaben in verschiedenen Schriften sehr verschieden aussehen (z. B. Schreibungen des »a – ɑ«), gleichzeitig aber vermeintlich kleine Unterschiede wichtig werden können (zum Beispiel »b – d« oder »u – n«). Kinder müssen erst lernen, welche Unterschiede wichtig sind und welche nicht.

Was muss mein Kind leisten, um lesen zu lernen?

Lesen ist vor allem Sinnentnahme: Texte teilen uns etwas mit. Es geht nicht nur darum, Buchstaben in Laute zu übersetzen. Wir können ja in Sprachen, die wir früher einmal gelernt haben, fast alle Texte lesen, ohne sie deshalb schon zu verstehen. Lesen gelingt leichter, wenn der Sinn interessiert und sich auf die eigene Welt bezieht.

Um eine erste Idee zu bekommen, wie schwer es ist, lesen zu lernen, können Sie hier einen kleinen Selbstversuch starten. Dieser

24 וַיֹּאמֶר אֱלֹהִים תּוֹצֵא הָאָרֶץ נֶפֶשׁ חַיָּה לְמִינָהּ
כה בְּהֵמָה וָרֶמֶשׂ וְחַיְתוֹ־אֶרֶץ לְמִינָהּ וַיְהִי־כֵן: וַיַּעַשׂ
אֱלֹהִים אֶת־חַיַּת הָאָרֶץ לְמִינָהּ וְאֶת־הַבְּהֵמָה לְמִינָהּ
וְאֵת כָּל־רֶמֶשׂ הָאֲדָמָה לְמִינֵהוּ וַיַּרְא אֱלֹהִים כִּי־טוֹב:
26 וַיֹּאמֶר אֱלֹהִים נַעֲשֶׂה אָדָם בְּצַלְמֵנוּ כִּדְמוּתֵנוּ וְיִרְדּוּ
בִדְגַת הַיָּם וּבְעוֹף הַשָּׁמַיִם וּבַבְּהֵמָה וּבְכָל־הָאָרֶץ
27 וּבְכָל־הָרֶמֶשׂ הָרֹמֵשׂ עַל־הָאָרֶץ: וַיִּבְרָא אֱלֹהִים אֶת־
הָאָדָם בְּצַלְמוֹ בְּצֶלֶם אֱלֹהִים בָּרָא אֹתוֹ זָכָר וּנְקֵבָה
28 בָּרָא אֹתָם: וַיְבָרֶךְ אֹתָם אֱלֹהִים וַיֹּאמֶר לָהֶם אֱלֹהִים
פְּרוּ וּרְבוּ וּמִלְאוּ אֶת־הָאָרֶץ וְכִבְשֻׁהָ וּרְדוּ בִּדְגַת
הַיָּם וּבְעוֹף הַשָּׁמַיִם וּבְכָל־חַיָּה הָרֹמֶשֶׂת עַל־הָאָרֶץ:

Beispiel für hebräischen Text

Text ist in Hebräisch geschrieben. Bitte überlegen Sie: Wie geht es Ihnen beim »Lesen« dieses Textes? Wie wirken die Zeichen auf Sie? Können Sie sich orientieren? Versuchen Sie doch einmal zu zählen, wie oft das Wort אֱלֹהִים darin vorkommt.

Hat Ihr Kind noch nicht lesen gelernt, so hat es auch kein Verständnis für die Frage von Wortgrenzen. Es hört immer nur ganze Ströme von Lauten und muss erst lernen, wo ein Wort beginnt und wieder aufhört. Auch diese Anforderung muss erst einmal bewältigt werden. Sie können diese ebenfalls für sich simulieren, wenn Sie versuchen, sich einen Text in einer völlig fremden Sprache diktieren zu lassen.

Welche Leselernmethode ist die beste?

Es gab und gibt verschiedene Leselernmethoden. Die grundlegenden Methoden können Sie hier kurz kennenlernen:

Die synthetische Leselernmethode

Die synthetische Leselernmethode folgt im Grunde der Idee, dass Kinder erst die einzelnen Buchstaben und die dazugehörenden Laute lernen müssen, bevor sie sich an ganze Wörter und Sätze und damit an Sinn heranwagen können. Eingeführt werden neue Buchstaben oftmals über bedeutungsvolle Klänge (z.B. »r« für das Läuten des Weckers) oder Ausrufe und andere Äußerungen (zum Beispiel »i«, »o« oder »m«).

Wenn es dann darum geht, einzelne Laute zu verbinden, so wird mit Konsonanten wie »s«, »m« oder »l« begonnen, die sich beim

Sprechen dehnen und auf diese Weise leichter mit Vokalen verbinden lassen.

Diese Methode mag klar und logisch erscheinen, ist aber ermüdend und stellt eine hohe Anforderung an das Gedächtnis dar. Es dauert lange, bis das Kind sinnvolle Äußerungen zu lesen bekommt.

Die Ganzwort- oder Ganzsatzmethode

Die Ganzwort- oder Ganzsatzmethode geht den umgekehrten Weg und ermöglicht den Leseanfängerinnen und -anfängern gleich zu Beginn die Entnahme von Sinn. Einzelne Buchstaben werden erst später gelernt.

So präsentierte die Fibel »Kinderland« in den 1960er-Jahren gleich auf der ersten Doppelseite ein Spielplatzbild mit den Sätzen:

da ist Eva
da ist Rudi
da ist Rosi
da ist Peter

In der Folge wurden zunächst noch keine einzelnen Buchstaben präsentiert, sondern die Sätze wurden vielfältiger:

da ist Mutter
wo ist Rudi

Diese Methode versteht Lesen als Sinnentnahme. Dabei kann es aber geschehen, dass Kinder die Wörter und Sätze auswendig lernen und erst spät dazu kommen, einzelne Buchstaben bzw. Laute herauszulösen. Sie tun sich dann schwer beim Erlesen unbekannter Texte.

Die analytisch-synthetische Methode

Die analytisch-synthetische Methode (auch »methodenintegrierende Methode«) kombiniert die beiden zuvor genannten Methoden und findet sich heute in unterschiedlichen Varianten. Sie hat die synthetische Methode sowie die Ganzwort- bzw. Ganzsatzmethode im Wesentlichen abgelöst. Hier wird Ihr Kind von Anfang an mit ganzen Wörtern konfrontiert, lernt aber regelmäßig und in systematischer Weise neue Buchstaben genauer kennen.

Die Fibeln beginnen bei dieser Methode beispielsweise mit einem der folgenden Wörter:

Oma
Susi

Diese Wörter werden dann im Folgenden aufgegriffen und ab der zweiten Fibelseite variiert. Es werden beispielsweise Wörter wie »Mama«, »Amo« oder »Uli« präsentiert. Gleichzeitig werden auf diesen Seiten die verwendeten Buchstaben (z. B. »M, m«) einzeln vorgestellt und geübt.

Die Methode »Schreiben durch Lesen«

Die Methode »Schreiben durch Lesen« geht einen anderen Weg. Bei dieser Methode bekommt Ihr Kind keine Fibel und startet nicht mit dem Lesen, sondern mit dem Schreiben. Diese Methode setzt sehr stark auf die Individualität der Lernenden und ihre Motivation, selbst etwas Sinnvolles zu schreiben. Ihr Kind beginnt zum Beispiel mit dem Wort »Mama«, welches es sich so lange vorspricht, bis es die einzelnen Laute heraushört. Hat es diesen Schritt bewältigt, so geht es darum, den Lauten die passenden Buchstaben zuzuordnen. Damit dies möglichst bald selbstständig gelingt,

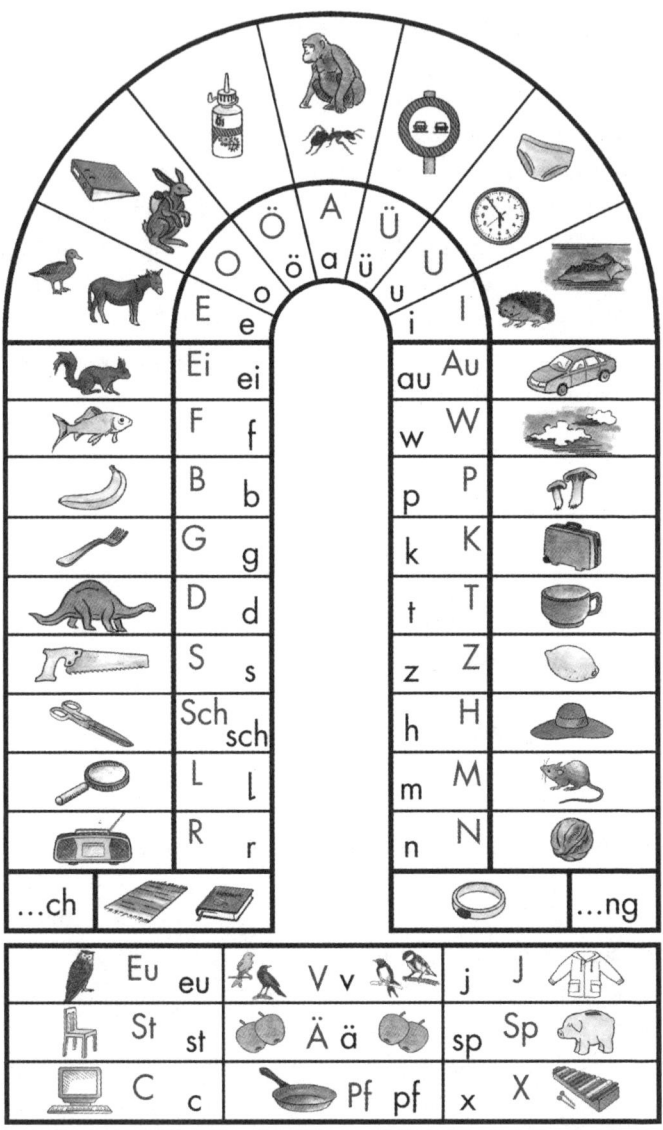

Anlauttabelle (aus: J. Reichen; Lesen durch Schreiben. Schweizer Schule, 18, 1981)

erhält Ihr Kind die hier abgebildete oder eine ähnliche Anlauttabelle. Der Umgang mit dieser Tabelle stellt zunächst eine große Herausforderung dar, gelingt aber mit zunehmender Übung immer leichter. Manche Kinder benötigen anfangs noch viel Unterstützung. Auch Kinder, die Dialekt sprechen, müssen hier noch eine Hürde überwinden und benötigen kluge und aufmerksame Lehrkräfte, die sich in ihren Dialekt hineinhören können (zum Beispiel »WOSCHT« für »Wurst«).

Sobald Ihr Kind die meisten Buchstaben gelernt hat und kleine Texte selbst schreiben kann, kann es auch fremde Texte erlesen.

Die Frage, welche Methode die beste ist, kann nicht abschließend beantwortet werden. Bislang liegen hierzu keine eindeutigen Ergebnisse vor (vgl. Grundschulverband, 2018). Verbreitet sind heute die analytisch-synthetische Methode bzw. methodenintegrierende Methode, das Schreiben durch Lesen und Mischformen dieser Methoden. Unangebracht sind die von Zeit zu Zeit aufkommenden pauschalen Verurteilungen der einen oder anderen Methode.

Es gibt nicht DIE beste Leselernmethode.
Entscheidend ist vielmehr, wie gut die Lehrkraft mit der gewählten Methode umgehen kann und wie gut sie zu den Möglichkeiten Ihres Kindes passt.

Warum fällt manchen Kindern das Lesen so schwer?

Um Lesen zu lernen, benötigt Ihr Kind folgende grundlegende Fähigkeiten:

- Laute genau hören und unterscheiden (zum Beispiel g – k),
- Zeichen präzise sehen und unterscheiden (zum Beispiel d – b),

- Rhythmus sicher wahrnehmen und unterscheiden (zum Beispiel kurze und lange Vokale in »Hasen – hassen«),
- Melodien wahrnehmen und unterscheiden,
- Laute sicher und genau artikulieren,
- sich anhaltend konzentrieren
- und außerdem ein gutes Gedächtnis und Raumgefühl.

Verfügt Ihr Kind beispielsweise über ein schwächeres Arbeitsgedächtnis, so weiß es am Ende eines Wortes unter Umständen dessen Anfang nicht mehr und kommt auf diese Weise nur schwer voran. Gerade längere Wörter können hier zu Schwierigkeiten führen. Auch Mängel bei anderen notwendigen Fähigkeiten können das Lesenlernen erschweren. Bemerkt man große Defizite bereits vor oder noch zu Schulbeginn, so kann es sinnvoll sein, einige Zeit verstärkt an diesen zu arbeiten. Beispielsweise kann genaues Sprechen und Hören mit geeignetem Material geübt werden. Untersuchungen zeigen, dass spezielle Förderprogramme hilfreich sein können. Je nach Bundesland und Schule bzw. Kindertageseinrichtung sind hierfür verschiedene Stellen zuständig. Um eine gute Förderstelle zu finden, kann neben dem Weg zur Lehrkraft auch ein Termin an der örtlichen Beratungsstelle hilfreich sein.

Liegen bereits ausgeprägte Lese-Rechtschreib-Schwierigkeiten (LRS) vor, so ist professionelle Unterstützung wichtig (vgl. Kapitel »Lernprobleme«). Diese muss nun möglichst konkret an den jeweiligen Lese- und Rechtschreib-Schwierigkeiten ansetzen. Es gilt: Lesen lernt man durch Lesen; Schreiben lernt man durch Schreiben. Wahrnehmungsübungen, die bis zum Schulbeginn und auch noch am Schulanfang hilfreich sein können, sind nach dem Auftreten schulischer Lernschwierigkeiten nicht mehr die erste Wahl. Allgemein wird es darum gehen, anzuerkennen, dass das Lesenlernen eine hohe Anforderung darstellt, die ein Kind sehr anstrengen kann und für die es entsprechend Zeit benötigt. Ziel ist es, dass Kinder gegen Ende des ersten Schuljahres leichte unbekannte Texte selbst erlesen können.

Die Leichtigkeit, mit der Ihr Kind lesen lernt, hat darüber hinaus auch damit zu tun, wie geübt es im Umgang mit Büchern ist und wie hoch seine Motivation, lesen zu lernen, ausfällt. Bei hoher Motivation bemüht es sich ausdauernder, weil es weiß, dass es sich lohnt.

Nach bisherigem Kenntnisstand ist es für das Lesenlernen in der Schule unerheblich oder sogar förderlich, wenn ein Kind mehrsprachig aufgewachsen ist, sofern es die deutsche Sprache auf einem guten muttersprachlichen Niveau beherrscht. Manche Eltern überlegen bei Mehrsprachigkeit, ob es sinnvoll ist, wenn ihr Kind in beiden Sprachen gleichzeitig lesen lernt. Hierzu gibt es kaum Untersuchungen. Einige Empfehlungen gehen dahin, etwa ein Jahr Abstand einzuhalten (zum Beispiel Berkemeier, 2012). Kinder, die gerne lesen und schreiben, halten sich aber oft nicht daran und sind dennoch beim gleichzeitigen Lesenlernen in zwei Sprachen erfolgreich.

Wie kann ich mein Kind beim Lesenlernen unterstützen?

Auch wenn das Lesenlernen vor allem in der Schule stattfindet, können Sie Ihrem Kind dabei helfen.

Wie kann ich die Entwicklung grundlegender Fähigkeiten unterstützen?

Sie helfen Ihrem Kind sehr, wenn Sie im Alltag viel mit ihm sprechen und ihm vorlesen. Darüber hinaus ist es sinnvoll,
- gemeinsam Lieder zu singen,
- zur Musik zu klatschen,

- rhythmische Übungen anzubieten,
- zusammen Kinderverse und Zungenbrecher zu sprechen
- und immer wieder auf eine deutliche Aussprache zu achten.

Damit soll nicht gesagt sein, Sie sollten vor der Schule und während des ersten Schuljahres zu Hause eine Frühförderstelle einrichten. Doch wenn Sie und Ihr Kind Freude an Liedern und Versen haben, so ist es eine gute Sache, diesen Umgang zu pflegen.

Wie kann ich mein Kind beim Lesenlernen begleiten?

Wenn Ihr Kind in der Schule lesen lernt und Mühe damit hat, so ist dies nicht leicht auszuhalten. Vielleicht können Sie es manchmal kaum nachvollziehen, warum es so schwierig sein kann, die Laute »s« und »o« zu einem »so« zu verbinden. Dennoch ist es wichtig, dass Sie hier Verständnis, Geduld und Zuversicht zeigen. Lesenlernen braucht seine Zeit.

Manchmal geben Lehrkräfte in der Grundschule den Eltern mit, sie sollten mit ihrem Kind zu Hause »nur zehn Minuten« täglich lesen üben. Viele Lehrerinnen und Lehrer haben keine Vorstellung davon, was es bedeuten kann, zu Hause ein Kind zum Üben zu bewegen, wenn es nicht will. Nicht selten kreist der halbe oder ganze Nachmittag um die Frage, wann das Kind endlich gewillt ist, sich für eine zehnminütige Übung einzufinden. Am Ende sitzt es dann vielleicht mit dem Lesebuch da, will aber noch immer nicht, weint oder schreit.

Sie sollten sich nicht einfach zu einer Zweigstelle der Schule machen lassen – schon gar nicht, wenn Ihr Kind das auch nicht mag. Wenn die Lehrerin es für nötig hält, dass zu Hause geübt wird, dann ist es wichtig, dass sie die Art der Übungen festlegt und kontrolliert. Geeignet sind beispielsweise schriftliche Aufgaben auf be-

bilderten Arbeitsblättern, auf denen etwas ausgemalt oder markiert werden soll (»Male die Kreise gelb an!« oder »Wo ist Lara? Kreise ein!«). Hier kann das Kind die Aufgabe nur lösen, wenn es die Arbeitsanweisung gelesen hat. Teilweise werden auch Lesekärtchen eingesetzt. Auf diesen kann Ihr Kind die geübte Zeit notieren und Sie können diese Übungszeit mit Ihrer Unterschrift bestätigen, damit die Lehrerin sich darauf beziehen kann.
Wenn Sie Ihr Kind beim Lesenlernen begleiten, so ist es wichtig, dass Sie nicht buchstabieren. Sprechen Sie die Buchstaben des Alphabets im ersten Schuljahr also grundsätzlich nicht als

»a – be – ce – de – e – ef – ge«,

sondern als Laute:

»a – b – c – d – e – f – g«.

Die Begründung hierfür ist ganz einfach: Damit beispielsweise das Wort »Mama« korrekt gelesen werden kann, darf es nicht als »Emaema« buchstabiert werden.

Lesen lernen im Alltag

Überall im Alltag begegnen uns Buchstaben, die zum Lesen einladen. Viele Schulanfängerinnen und -anfänger beginnen damit, dass sie der Familie unterwegs die Autokennzeichen vorlesen und alsbald auch große Schriftzüge auf Werbetafeln oder an Geschäften. Wenn Ihr Kind bereits erfolgreich Wörter erliest, dann kann es in der Bäckerei selbst herausfinden, ob es eine heiße Schokolade gibt, und im Kinoprogramm nachsehen, in welchem Kino der versprochene Film läuft. Sie können Ihr Kind vielfach einbeziehen, wenn es darum geht, sich im Alltag zu orientieren oder etwas einzukaufen.

Auch können Sie Ihrem Kind wichtige Dinge auf einem Zettel mitteilen (»Oma kommt« – »Es gibt Pommes« – »Bin auf der Terrasse«) und sich dann auf geschriebene Nachrichten von Ihrem Kind freuen. Fordern Sie Ihr Kind außerdem auf, seine Termine selbst in den Familienkalender einzutragen und den Kalender regelmäßig durchzusehen.

Mit solchen Aufgaben übt Ihr Kind lesen in echten Sinnzusammenhängen. Dies stärkt seine Motivation. Denn eines ist sicher: Lesen lernen kann jeder Mensch nur für sich selbst. Sie können Ihr Kind weder dazu zwingen noch es ihm abnehmen.

Wie kann ich mein Kind zum Lesen motivieren?

Lesemotivation entsteht nicht durch (Über-)Reden, sondern nur durch Erfahrungen. Wenn Sie Ihrem Kind regelmäßig vorlesen und mit ihm Bilderbücher ansehen, weiß es, wofür es lesen lernt. Es kennt die fantastische Welt der Bücher und freut sich, wenn sich sein Zugang zu dieser Welt weitet. Dennoch schätzen die meisten Kinder es noch die ganze Grundschulzeit hindurch (und in Phasen des Krankseins auch darüber hinaus), wenn ihnen Eltern, Großeltern, ältere Geschwister oder andere Menschen aus Büchern vorlesen. Die Situation, in der Sie vorlesen, schafft Nähe und gemeinsame Erlebnisse. Auf sie wird zumeist erst dann verzichtet, wenn das Selberlesen unvergleichlich viel schneller geht.

Und noch ein Punkt kann entscheidend sein: das Vorbild der Eltern. Wenn Sie selbst viel und konzentriert lesen und wenig fernsehen, wenn Sie regelmäßig Gast in der örtlichen Bücherei sind und Ihre Kinder dorthin mitnehmen oder wenn Sie ausgiebig die Tageszeitung lesen und über die Inhalte diskutieren, dann ist der

Weg zum gedruckten Wort und zum Buch für Ihr Kind nicht mehr weit.

Bedeutsam ist auch die Wahl der Literatur. Hilfreich beim Auswählen kann hier zum einen die persönliche Beratung in Buchhandel und Bibliothek sein. Letztere kann von Kindern zumeist kostenlos benutzt werden. Zum andern können Sie sich auch an anerkannten Auszeichnungen orientieren. Insbesondere gibt es seit Jahrzehnten den Deutschen Jugendliteraturpreis in mehreren Kategorien (vgl. Anhang). Auch andere bedeutsame Preise werden regelmäßig verliehen und bieten Hilfe und Orientierung bei der Auswahl von Büchern. Bis zum Jahr 2001 gab es beispielsweise den Schweizer Preis »La vache qui lit«, dem 2017 der Zürcher Kinderbuchpreis folgte und der sich vornehmlich auf Bücher für das Grundschulalter bezieht. Für Kinder und Jugendliche aller Altersgruppen gibt es außerdem seit einigen Jahren den »Luchs-Buchpreis«.

Vielen Kindern hilft in den Anfangsjahren des Lesens ein Angebot wie »Antolin« (nur über die Schule möglich) oder »Lepion« (vgl. Anhang). Diese Internetseiten bieten Quizfragen zu gelesenen Büchern. Wenn Ihr Kind ein Buch gelesen hat, kann es entsprechende Fragen beantworten und dann Punkte sammeln. Auch kann es sich Urkunden ausdrucken, wenn es eine bestimmte Zahl von Punkten erreicht hat. Dieses Angebot kann Ihr Kind zum Lesen motivieren, weil es den Leseerfolg sichtbar macht. Auch der Wettbewerbscharakter spricht manche Kinder sehr an. Wenn Ihr Kind von sich aus gerne liest, dann wird es durch das Punktesammeln hingegen eher davon abgehalten, sich lustvoll in ein Buch zu vertiefen.

Eine weitere Möglichkeit für Kinder, die Büchern gegenüber eher skeptisch sind, stellen Kinderzeitschriften dar (zum Beispiel »GEOlino«). Auch diese finden Sie in der Regel in Ihrer örtlichen Bücherei.

Das Wichtigste in Kürze

Lesenlernen kann schwierig und anstrengend sein. Es erfordert viele grundlegende Fähigkeiten und bedarf der Motivation. Mehrsprachigkeit ist kein Nachteil.

Sie können Ihr Kind insbesondere dadurch unterstützen, dass Sie seine Motivation durch Vorlesen stärken und ihm die Bedeutung des Lesens im Alltag begreifbar machen.

Helfen Sie beim Erlesen eines Wortes, so ist es wichtig, Buchstaben als Laute (»b«, nicht »be«) zu sprechen.

Mein Kind lernt schreiben

Schon kleine Kinder nehmen gerne Stifte in die Hand und hinterlassen Spuren auf Papieren, Böden und Wänden. Sie freuen sich darüber, etwas Sichtbares zu schaffen. Die ersten Kritzeleien entwickeln sich bald weiter und es entstehen fantastisch kreative Bilder. Bei vielen Kindern, die intensiven Kontakt mit Schriftprodukten und/oder ältere Geschwister haben, gehören auch schon lange vor der Schule erste Buchstaben oder buchstabenähnliche Formen zu den Zeichnungen dazu.

Erste Buchstabenversuche eines vierjährigen Kindes

Mit zunehmendem Alter verstehen Kinder, dass geschriebene Buchstaben Laute abbilden und dass sie der Kommunikation dienen. Sie bekommen manchmal einen richtigen Motivationsschub, wenn sie anderen ein Papier mit geschriebenen Buchstaben zeigen und dann vorgelesen bekommen, was sie geschrieben haben. Dabei können sie entdecken, dass alle Menschen, die ihre geschriebenen Buchstaben sehen, dasselbe lesen, immer wieder aufs Neue.

Eltern fragen häufig: Ist es eigentlich gut oder schlecht, wenn mein Kind bereits vor seinem Schulanfang zu lesen und zu schreiben beginnt? Soll ich das eher unterbinden oder eher fördern? Hier ist die Antwort ganz einfach: Sie können den Zeitpunkt und das Tempo des häuslichen Lesens und Schreibens guten Gewissens Ihrem Kind überlassen. Wenn sich Ihr Kind also früh für Buchstaben interessiert und schon vor Schulbeginn zu lesen und zu schreiben beginnt, dann können – und sollten – Sie dies nicht aufhalten. Selbstverständlich muss dann später in der Schule eine gute Lösung für das Kind gefunden werden, wenn die Mitschülerinnen und Mitschüler noch mit den ersten Buchstaben kämpfen. Wenn sich Ihr Kind hingegen nicht für Buchstaben interessiert, so lassen Sie ihm die schöne Chance, in der Schule etwas wirklich Bedeutsames zu lernen. Sie sollten Ihr Kind auch nicht zum frühen Lesen und Schreiben bewegen, um irgendwo Eindruck zu machen.

Wie lernen Kinder schreiben?

Wenn Ihr Kind bereits vor der Schule zu schreiben beginnt, erkennt es irgendwann, wie Buchstaben und Laute zusammengehören. Es fängt an, Erlebtes zu verschriftlichen oder Mitteilungen zu verfassen. Auch Kinder, die in der Schule unter Zuhilfenahme der Anlauttabelle Lesen und Schreiben lernen (vgl. Kapitel »Lesen«), ent-

Wie lernen Kinder schreiben? **53**

wickeln oft rasch Freude daran, etwas schriftlich festzuhalten oder mitzuteilen. Dabei schreiben sie zunächst lauttreu (auch im Dialekt) und finden immer wieder eigene, sehr beeindruckende Lösungen für gehörte Laute. Wortgrenzen werden oft nicht durch Abstände markiert; das Zeilenende wird nicht weiter beachtet.

Erwachsene können solche Mitteilungen nur dann lesen, wenn sie sich konsequent auf das lauttreue Verfahren einlassen. Versuchen Sie doch einmal, die nachfolgende Nachricht zu lesen:

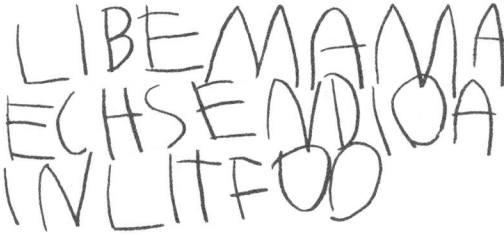

Liebe Mama, ich singe dir ein Lied vor.

Mit der Zeit entwickelt Ihr Kind dann beim freien Schreiben eine zunehmende Genauigkeit und Geläufigkeit und beherrscht auch selten verwendete Buchstaben. Dabei kann es noch eine ganze Zeit lang geschehen, dass es diese auch seitenverkehrt notiert, wie zum Beispiel das »J« im nachfolgenden Beispiel:

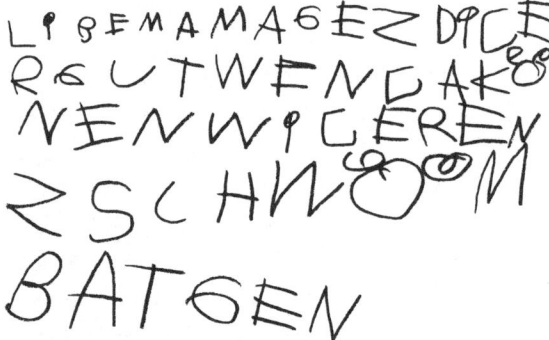

Liebe Mama, geht's dir gut? Wenn ja, können wir ins Schwimmbad gehen.

Schließlich beginnt Ihr Kind, insbesondere unter dem Einfluss der Schule, erste Rechtschreibregeln zu integrieren. Anfangs probiert es noch viel aus. Sie sehen im Folgenden, wie ein solches Probieren beim Wort »dir« aussehen kann und schließlich zum Erfolg führt.

dio – dijer – diehr – dir

Manche Kinder schreiben vor der Schule oder im ersten Schuljahr, wenn sie das Schreiben für sich entdeckt haben, mit großer Freude, ohne auf die gültige Rechtschreibung zu achten. Dabei können Sie völlig gelassen bleiben. Alle Kinder, die grundsätzlich fähig zum Schreiben sind, verlassen unter dem Einfluss der Schule irgendwann die Strategie der Lauttreue und folgen den Regeln der deutschen Rechtschreibung. Es wäre sehr unklug, dem Kind zu Hause die Freude am Verschriftlichen und damit seine Schreibmotivation zu nehmen, indem Sie nicht auf das Produkt, sondern nur auf die gemachten Fehler achten. Tatsächlich ist die Leistung eines Kindes, das noch nicht über abgespeicherte Wortbilder und über Rechtschreibregeln verfügt und dennoch schreibt, enorm. Auch ist es Sache der Schule und nicht Ihre Aufgabe, korrektes Schreiben zu vermitteln. Sie möchten ja auch nicht von anderen Familienmitgliedern korrigiert werden, wenn Sie ihnen eine freundliche Nachricht schreiben.

Das Schreiben nach Gehör (»HALOLIBEMAMA«) ist eine große Leistung und sollte von Ihnen nicht korrigiert werden.

Fragt Ihr Kind Sie irgendwann, ob es denn »richtig« oder »falsch« geschrieben habe, so können Sie ihm beispielsweise rückmelden: »Du hast alles richtig gehört, das ist toll! Wenn du die Wörter auch so wie die Erwachsenen schreiben möchtest, kann ich dir das gerne zeigen.« Im weiteren Verlauf des Schulbesuchs, also am Ende der ersten und während der zweiten Klasse, wird Ihr Kind die lauttreue

Art des Schreibens verlassen. Während einige Eltern eher erleichtert reagieren, wenn die offizielle Rechtschreibung in die Hefte ihres Kindes einzieht, vermissen andere den Charme und die Individualität der bisherigen Schriftstücke.

Warum fällt manchen Kindern das Schreiben so schwer?

Wie schon das Lesen, so stellt auch das Schreiben eine sehr komplexe Anforderung dar. Um schreiben zu lernen, benötigt das Kind dieselben Fähigkeiten wie beim Lesenlernen und noch einige weitere dazu. Kinder benötigen also die Fähigkeit,

- Laute präzise zu hören und zu unterscheiden (zum Beispiel g – k),
- Zeichen genau zu sehen und zu unterscheiden (zum Beispiel d – b),
- Rhythmus sicher wahrzunehmen und zu unterscheiden (zum Beispiel kurze und lange Vokale in »Hasen – hassen«),
- Melodien wahrzunehmen und zu unterscheiden,
- Laute sicher und genau zu artikulieren,
- sich anhaltend zu konzentrieren,
- außerdem ein gutes Gedächtnis und Raumgefühl,
- feinmotorische Geschicklichkeit,
- eine gelingende Auge-Hand-Koordination
- und viel Ausdauer.

Mit dieser Aufzählung wird deutlich, wie anspruchsvoll das Schreibenlernen ist. Fehlt auch nur eine Fähigkeit, beispielsweise die feinmotorische Geschicklichkeit, kann das den Lernprozess sehr erschweren und ihn mühsam für alle Beteiligten machen. Manchmal wird es deshalb nötig sein, sich einige Zeit verstärkt auf die fehlenden Grundfähigkeiten zu konzentrieren (vgl. Kapitel »Lesen«). Liegen ausgeprägte Lese-Rechtschreib-Schwierigkeiten (LRS) vor, so wird professionelle Unterstützung wichtig (vgl. Kapitel »Lernprobleme«). Immer wieder gibt es Kinder, die vor der Schule wenig mit Stiften gearbeitet und außerdem einen hohen Bewegungsdrang haben. Wenn sie beispielsweise fünf oder gar zehn Zeilen »M« schreiben müssen, so kann diese Anforderung hoch problematisch und zu einer Überforderung werden. Hin und wieder entsteht beim Blick auf solche Übungen auch der Eindruck, mit jeder »geübten« Zeile werde das Produkt der Bemühungen schlechter.

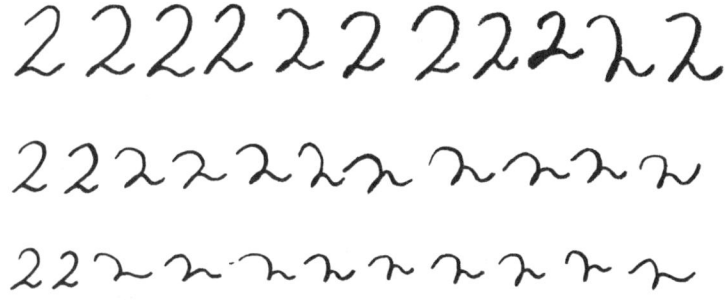

Übungsaufgabe: Schreibe drei Zeilen Zweier.

Nach dem Erwerb der Druckschrift wiederholt sich die Anforderung des Schreibenlernens noch einmal. Das Erlernen der Schreibschrift stellt für manche Kinder eine weitere hohe Hürde dar. Nicht alle Kinder zeigen sich hier motiviert, weil sie ja bereits in Druckschrift schreiben können und das Schreiben in Schreibschrift zunächst mühsam und ohne erkennbaren Vorteil ist. Und während jene Kinder, denen das Schreiben leichtfällt, oftmals viel und freudig schreiben, meiden jene, die besonders der Übung bedürften, gerne alles, was mit Schreiben zu tun hat. So geht die Schere zwischen den freudigen Schreibern und jenen, die sich beim Schreiben schwertun, immer weiter auf.

Warum fällt manchen Kindern das Schreiben so schwer? 57

Für viele Kinder ist das Schreibenlernen sehr schwer und anstrengend.

Versetzen Sie sich doch einmal in die Lage eines Erstklässlers, der eine neue Ausgangsschrift erlernt. Nehmen Sie sich dazu ein Blatt Papier und einen Stift und schreiben Sie je eine Zeile von jedem der unten stehenden Buchstaben, dessen zugehöriger Laut immer gleich danebensteht:

Buchstaben einer frei erfundenen Schreibschrift

Gelingt es Ihnen im Anschluss, »Maus« zu schreiben? Und können Sie eigentlich dieses Wort lesen:

Wird schließlich zum Schreiben mit dem Füller übergegangen, so zeigen sich bei den Kindern mit Schwierigkeiten ein weiteres Mal besondere Probleme. Nicht selten sind die Finger der schreibenden Hand am Ende eines Schultages blau und das Heft bietet keinen schönen Anblick.

Welche Schreibschriften gibt es?

An deutschen Schulen werden derzeit insgesamt drei Ausgangsschriften gelehrt und wird eine weitere Schrift, die Grundschrift, erprobt. Diese Schriften werden im Folgenden kurz vorgestellt.

Lateinische Ausgangsschrift

Die lateinische Ausgangsschrift war für die Länder der BRD von 1953 an für lange Zeit verbindlich (in Bayern erst 1966) und kann noch heute in einigen Bundesländern (Baden-Württemberg, Niedersachsen, Nordrhein-Westfalen, Rheinland-Pfalz, Schleswig-Holstein) gewählt werden. Sie wird von vielen Erwachsenen als besonders schön empfunden, hat aber komplizierte Großbuchstaben. Diese Schrift bereitet mit ihrer Anforderung, ganze Wörter zu schreiben, ohne abzusetzen, vielen Kindern Schwierigkeiten. Außerdem werden die mühsam erlernten Großbuchstaben und Buchstabenverbindungen später von Erwachsenen in aller Regel wieder aufgegeben. Nicht ohne Grund heißen die Schriften der Grundschule »Ausgangsschrift« – vermutlich schreiben auch Sie heute nicht mehr so, wie Sie es einmal gelernt haben.

Schulausgangsschrift

In der DDR wurde zunächst eine der lateinischen Ausgangsschrift sehr ähnliche Schrift gelehrt, welche dann in den 1960er-Jahren durch eine einfachere Schulausgangsschrift ersetzt wurde. Sie stellt eine Mischform aus der zuvor gezeigten lateinischen Ausgangsschrift (Kleinbuchstaben) und der nachfolgend vorgestellten vereinfachten Ausgangsschrift (Großbuchstaben) dar. Sie wird heute vor allem in den neuen Bundesländern eingesetzt.

Schulausgangsschrift 1968

ABCDEFGHIJKL
MNOPQRST
UVWXYZ

a b c d e f g h i j k
l m n o p q r s ß t u
v w x y z

1 2 3 4 5 6 7 8 9 0

Vereinfachte Ausgangsschrift

Die vereinfachte Ausgangsschrift wurde in der BRD ab den 1970er-Jahren erprobt und wird heute in vielen Bundesländern angeboten. Sie war eine Reaktion auf die Schwierigkeiten, die viele Schülerinnen und Schüler beim Erlernen der komplizierten Großbuchstaben und Buchstabenverbindungen der lateinischen Ausgangsschrift zeigten. Auch folgte die Neuentwicklung der Einsicht, dass Erwachsene später in ihrer eigenen Handschrift kaum die ehemals mühsam gelernten Großbuchstaben verwenden und auch viele Buchstaben unverbunden lassen, weil die erlernten Buchstabenverbindungen sich im Schreibfluss als störend erweisen.

Sie können diesen Punkt leicht an Ihrer Handschrift oder an den Handschriften Ihrer Umgebung überprüfen: Kaum jemand schreibt das erlernte, komplizierte große »H« oder »X« und nur wenige verbinden konsequent alle Kleinbuchstaben, wenn die Verbindungen

A B C D E F G H J J K L
M N O P Q R S T U V W
X Y Z Ä Ö Ü
a b c d e f g h i j k l m
n o p q r s s t u v w x y z
ä ö ü ß ß
Qu qu St st tz sch

mit einem Drehrichtungswechsel verbunden sind (zum Beispiel »bmd«). Kritisiert wird allerdings häufig das »e« der vereinfachten Ausgangsschrift.

Grundschrift

Die Grundschrift ist ein Projekt des Grundschulverbandes und wird seit 2011 an verschiedenen Schulen erprobt und gelehrt. Mit dieser Schrift verzichtet der Grundschulverband konsequent auf die Anforderung einer zusätzlich zu erlernenden Schreibschrift. Allerdings geht es auch hier darum, zu einer verbundenen Schrift zu gelangen. Die Kinder erhalten von Anfang an die Gelegenheit, eine individuelle Handschrift zu entwickeln. Aufgabe der Lehrkräfte ist es dabei, die Kinder beim Finden geeigneter Buchstabenverbindungen zu unterstützen und zum Ausprobieren anzuregen. Ziel ist es, wie bei allen anderen Ausgangsschriften auch, zu einer flüssigen, formstabilen, klaren und gut leserlichen Handschrift zu gelangen.

ABCDEFGHIJK
LMNOPQuRSTUV
WXYZ ÄÖÜ
abcdefghijk
lmnopqurstuv
wxyzß äöü

Die Entscheidung für eine Schrift wird in den meisten Bundesländern auf Schulebene getroffen. Dies bedeutet, dass es bei einem Schulwechsel auch zu einem Schriftwechsel kommen kann. In der Sekundarstufe stellt dies in der Regel kein Problem dar. Hier verbleibt Ihr Kind voraussichtlich in der gelernten Ausgangsschrift, kann aber im Regelfall die anderen Handschriften der Lehrkräfte und der Mitschülerinnen und Mitschüler rasch lesen. In der Grundschule hingegen kann der Anfang in der neuen Schrift als schwierig empfunden werden. Wenn Ihr Kind ab Mitte der Grundschule in seiner Ausgangsschrift schon sehr sicher schreibt und außerdem die Schrift der neuen Schule gut lesen kann, so sollte es ihm ermöglicht werden, seine erlernte Schrift beizubehalten oder auch bestimmte Elemente zu mischen.

Das Ziel aller Ausgangsschriften ist eine individuelle, flüssige, klare und gut lesbare Handschrift.

Da die Entscheidung für eine Schrift entweder landeseinheitlich oder schulbezogen getroffen wird, ist es wenig sinnvoll, die jeweilige Lehrkraft von einer anderen Ausgangsschrift überzeugen zu wollen. Kurzfristige Änderungen sind in diesem Bereich auch insofern nicht zu erwarten, als sämtliches Material der jeweiligen Schule auf die von ihr gewählte Schrift abgestimmt ist.

Wie kann ich mein Kind beim Schreiben unterstützen?

Sie können Ihr Kind vielfältig unterstützen. Das Wichtigste ist, dass Sie ihm Rückhalt und Zuversicht geben, wenn der Anfang schwierig ist. Kaufen Sie nicht einfach Übungshefte und zwingen Sie Ihrem Kind keine Zusatzübungen auf. Wenn Sie den Eindruck haben, dass sich Ihr Kind sehr schwertut, so ist es sinnvoll, erst einmal mit der Lehrkraft zu sprechen. Im Folgenden finden Sie noch einige konkrete Tipps:

Wie kann ich die Entwicklung der grundlegenden Fähigkeiten unterstützen?

Ein vielfältiger Umgang mit Sprache und dem gedruckten Wort ist immer hilfreich (vgl. Kapitel »Lesen«). Hat Ihr Kind feinmotorische Schwächen, so profitiert es von entsprechenden Übungen. Je nach Interesse können Sie ihm anbieten, im Sand zu spielen, mit Legos zu bauen, zu kritzeln, zu malen, zu zeichnen, mit Kreide auf den Boden zu schreiben, zu basteln, zu kneten, im Garten mitzuarbeiten, Kleinteile zu sortieren, Filigranes zu bauen, Geschenke zu verpacken oder ein Musikinstrument zu lernen. Hilfreich sind auch Schwungübungen, bei denen vielfach Rauchkringel (»l«), Wellen oder Dachziegel (»u«) und ähnliche Formen auf das Papier geschwungen werden. Manche Kinder sind zu solchen Übungen eher bereit, wenn sie sie im Sand, mit Kreide auf einer Tafel oder mit besonderen Stiften ausführen dürfen. Selbstverständlich dürfen Sie nicht erwarten, dass sich diese Übungen sehr rasch und unmittelbar in leichterem Schreiben niederschlagen. Auch lehnen Kinder mit entsprechenden Schwierigkeiten oft genau solche Tätigkeiten ab, da sie ihnen schwerfallen.

Wie kann ich mein Kind beim Schreibenlernen begleiten?

Zunächst gilt, dass das Schreiben in der Schule und nicht zu Hause gelehrt wird. Insofern sollte sich Ihre Rolle wirklich auf das Begleiten beschränken. Sie können zum Beispiel gemeinsam mit Ihrem Kind darüber staunen, wie viel es von Woche zu Woche gelernt hat. Bei Schwierigkeiten können Sie gemeinsam mit ihm überlegen, was helfen könnte. Außerdem gilt:

Sie können Ihrem Kind vor allem mit Geduld und Zuversicht helfen.

Sinnvoll ist es, wenn Sie auf eine geeignete Stifthaltung und einen günstigen Schreibfluss achten bzw. bei Schwierigkeiten mit der Lehrkraft Kontakt aufnehmen. Zu diesen beiden Punkten der Stifthaltung und des Schreibflusses gibt es verschiedene Ansichten. Manche Konzepte setzen sehr auf ein Ausprobieren und individuelle Lösungen. Andere warnen davor, lange Zeit individuelle Lösungen zuzulassen, weil das spätere Umgewöhnen schwierig werden kann.

Als Ziel für die Stifthaltung gilt allgemein, zu einem leichten, geläufigen und ausdauernden Schreiben zu gelangen.

Für das Schreiben gibt es Empfehlungen bezüglich geeigneter Bewegungsabläufe. Allgemein gilt, dass Elemente von Buchstaben von links nach rechts und von oben nach unten zu schreiben sind.

Geeignete Stifthaltung

Ungeeignete Stifthaltung

Wie kann ich mein Kind beim Schreiben unterstützen?

Linkshändern fällt dies zum Teil schwer. Für die Druckschrift sind die folgenden Bewegungsabläufe hilfreich:

A̧ḄC̣ḌẸFG̣H̰ỊJ̣KḶM̰Ṉ
O̱P̱Q̱ṚṢṮUVWXYẒ

Geeignete Schreibrichtungen

Worauf bei der Schreibschrift zu achten ist, hängt im Einzelnen von der gewählten Ausgangsschrift ab. Im Folgenden ist ein Beispiel eines schwierig verlaufenen Schreiblernprozesses zu sehen. Der Schüler der vierten Klasse verletzte insbesondere bei einigen Großbuchstaben die Regel von oben nach unten und schrieb das kleine »t« der lateinischen Ausgangsschrift nicht im Schwung. Er setzte oben ab und fügte den nächsten Buchstaben unten an:

*Strafe, Streit, Burg, Eilen, Zeit, Petra
verstecken, singen, lustig, böset*

Pfötchengriff, geeignet für kleine Kinder und für das Malen mit dicken Stiften und Pinseln

Ungeeignete Stifthaltung

Nach einer etwa fünfwöchigen Übungszeit mit einer Stunde Schreibübungen pro Woche gelang dem Schüler folgendes Schriftbild:

Keuheit, krankheit, Papier Land, Jeller flatterte, spielen, sieht, nehmen, rund

Am Ende einer zehnwöchigen Übungszeit wurde dem Schüler ein sehr regelmäßiges Schriftbild möglich:

Stunde, Schwester, Beispiel, Pfiff, Sieger hatten, wurde, lernen, ordentlich

Manche Kinder strengt das Schreiben an, weil sie mit einem hohen Anspruch an die Arbeit gehen und den Stift verkrampft halten. Ihnen hilft es, den Stift nach jeder Zeile wegzulegen, die Stifte immer wieder zu wechseln und zwischendurch Fingergymnastik zu machen. Auf lange Sicht wird es auch darum gehen, den eigenen Anspruch etwas zu relativieren und lockerer zu Werke zu gehen. Diese Veränderung braucht jedoch unter Umständen viel Zeit.

Wie geht es Linkshändern?

Es gibt keine Hinweise darauf, dass Linkshänder besondere Schwierigkeiten mit dem Lesen und Schreiben haben. Die immer wieder berichteten Probleme früherer Zeiten rühren vermutlich daher, dass damals Linkshänder oftmals gezwungen wurden, mit der rechten Hand zu schreiben.

Dennoch ist das Schreiben für Linkshänder etwas anstrengender. Vor allem nach der Einführung des Füllers kämpfen sie oft mit dem Problem, dass ihre Schreibhand über die feuchte Tinte wischt. Ist Ihr Kind Linkshänder, so sollte es von Anfang an nicht »von oben« mit abgeknickter Hand schreiben, sondern den Stift wie Rechtshänder halten. Die abgeknickte Hand lässt das Schreiben unnötig anstrengend werden und bewirkt außerdem eine ungesunde Körperhaltung. Für Linkshänder ist es besonders wichtig, einen speziellen Linkshänder-Füller und andere Linkshänderstifte und -produkte (Spitzer, Lineal, Schere) sowie hochwertiges Papier zu benutzen. Ihnen hilft es auch, wenn sie ihr Papier schräg auf den Tisch legen, sodass dessen rechte untere Ecke ihnen am nächsten ist, während die obere linke Ecke am weitesten entfernt auf dem Tisch liegt. Hilfreich kann hier auch eine spezielle Linkshänder-Schreibunterlage mit Markierungen sein. Abschreibtexte sollten auf die rechte Seite gelegt werden, ebenso ist ein Lichteinfall von rechts günstig. Wenn die Lehrerin Buchstaben im Heft vorschreibt, dann sollte sie diese nicht am Zeilenanfang links, sondern am Zeilenende rechts platzieren. In der Schule sollte links von einem Linkshänder kein Rechtshänder sitzen.

Für den Alltag gibt es weitere Linkshänderprodukte im Handel. Auch bei der Wahl eines Musikinstruments kann die Linkshändigkeit berücksichtigt werden. Manche Instrumente lassen sich durchaus umbauen bzw. eignen sich besser oder schlechter bei Linkshändigkeit.

Schreiben lernen im Alltag

Während das Lesen im Alltag immer wieder unmittelbar bedeutsam ist, gilt dies für das Schreiben weniger. Sie können aber mit Ihrem Kind beispielsweise Nachrichten auf Zetteln austauschen. Auch können Sie Ihr Kind bitten, dass es seine Wünsche (»Ich brauche Fußballschuhe«) oder Termine (»Geburtstagsfeier am Mittwoch«) auf Zettel oder in den Kalender schreibt, damit die Wünsche und Termine nicht in Vergessenheit geraten. Ebenso können Sie Ihr Kind auffordern, Verwandten oder Freunden mittels Karte zum Geburtstag zu gratulieren oder die Einladungen zum Kindergeburtstag selbst zu schreiben. Nicht zuletzt kann Ihr Kind die verschiedenen Formulare der Schule oder Anmeldungen für Ausflüge und anderes mehr ausfüllen und Ihnen nur noch zum Unterschreiben vorlegen.

Wie kann ich mein Kind zum Schreiben motivieren?

Auch für das Schreiben gilt, wie schon für das Lesen, dass Motivation nicht durch (Über-)Reden, sondern durch entsprechende Erfahrungen entsteht. Wichtig ist hier das elterliche Vorbild. Wenn es in Ihrer Familie selbstverständlich ist, sich Notizen auf Papieren zu machen oder Geburtstagskarten selbst zu basteln und zu schreiben, dann ist dies auch für Ihr Kind naheliegend. Hinzu kommt Ihr Interesse an den Produkten Ihres Kindes. Wenn Ihr Kind erlebt, dass seine geschriebenen Glückwünsche oder ersten kleinen Geschichten und Gedichte wertgeschätzt werden, ist es eher bereit, weitere zu verfassen.

Manche Kinder entwickeln schon sehr früh eine unglaubliche Freude am Schreiben und verfassen ganze Bücher oder Gedichtbände. Andere lehnen zunächst alles ab, was mit Schreiben zu tun hat. Sie lassen sich erst dann wieder dafür gewinnen, wenn sie ihre Texte an einem Computer mit dessen Tastatur schreiben können. Vielleicht hat Ihr Kind auch Freude daran, Buchstaben auf bunte Papiere zu stempeln, zu drucken, sie aufzukleben oder mithilfe von Schablonen zu schreiben. Diese Varianten führen auch bei geringerer feinmotorischer Geschicklichkeit zu ansprechenden Produkten.

Soll ich mit meinem Kind Diktate und Aufsätze üben?

In vielen Familien werden regelmäßig Diktate geschrieben und Aufsätze geübt. Vielleicht fragen auch Sie sich:

Soll ich mit meinem Kind Diktate üben?

Die Antwort auf die Frage lautet eindeutig: Nein!

Diktate dienen nicht der Übung, sondern sind Formen der Kontrolle.

Mit einem Diktat wird überprüft, ob Ihr Kind die diktierten Worte im Sinnzusammenhang korrekt schreibt. Dabei übt es nicht. Es verbringt viel Zeit mit dem Schreiben, ohne das zu üben, was es aktuell lernen sollte. Möchten Sie Ihr Kind beim Erlernen der Rechtschreibung unterstützen, ist ein Diktat nicht sinnvoll. Besonders problematisch ist es, wenn Sie nichts aus dem Schulbuch, sondern irgendetwas diktieren, also beispielsweise eine Seite aus einem Jugendbuch oder der Kinderzeitung. Sie können die Schwierigkeit eines solchen Textes kaum korrekt einschätzen und überfordern damit leicht Ihr Kind. Es stellt sich die Frage, was es dabei lernen soll.

Werden in der Schule hingegen sogenannte geübte Diktate mit bekanntem Text geschrieben, kann das häusliche Üben prinzipiell zu einem besseren Ergebnis verhelfen. Allerdings üben die Lehrkräfte die Texte in der Regel ausreichend mit den Kindern. Sie sollten sich hier nicht einfach einmischen, sondern sich allenfalls auf Wunsch Ihres Kindes zur Verfügung stellen.

Letztlich bleibt die Frage, warum sich die Kontrollform Diktat so lange als vermeintliche Übungsform halten konnte. Vielleicht hat es damit zu tun, dass das Diktieren den Eltern keine besonderen Fähigkeiten abverlangt und auch die Kinder mit vergleichsweise wenig Anstrengung etwas auf das Papier bringen können, das nach Schule aussieht und die Eltern zufriedenstellt. Vielleicht ist es aber auch schlicht die Tradition, die das Diktat am Leben hält. Für informierte Eltern aber gilt: Auf häusliche Diktate können sie leichten Herzens verzichten.

Soll ich mit meinem Kind Aufsätze üben?

Es ist Aufgabe der Schule, in das Schreiben von Geschichten und Aufsätzen einzuführen und es zu üben. Auch haben die verschiedenen Aufsatzformen, also beispielsweise Bildergeschichten, Reizwortgeschichten oder Berichte, ihre eigenen Regeln, die in der Schule erläutert und einübt werden und welche Sie nicht unbedingt kennen. Lehrkräfte schätzen es in der Regel nicht, wenn Eltern Formulierungen beisteuern oder die Konzepte ihrer Kinder überarbeiten. Teilweise schließen Lehrkräfte im Unterricht an die zu Hause geschriebenen Geschichten der Kinder auch sogenannte Schreibkonferenzen an. In diesen überarbeiten die Kinder gemeinsam ihre Aufsätze und können mit den elterlichen Formulierungen nicht sinnvoll weiterarbeiten. Nicht zuletzt ist für Ihr Kind ein Produkt, das nicht wirklich von ihm stammt, auch nichts, auf das es stolz sein könnte.

Möglich ist es natürlich, dass Ihr Kind auf Sie zukommt, wenn es zu Hause einen Aufsatz schreiben soll und beispielsweise keinen Anfang findet. In diesem Fall kommen Sie nicht umhin, sich mit der Frage auseinanderzusetzen, wie Sie sich zu dieser Bitte verhalten möchten.

Wenn Sie Zeit haben, können Sie Ihrem Kind Ihre Hilfe – im Sinne einer Hilfe zur Selbsthilfe – anbieten und sich wieder zurückziehen, sobald Ihr Kind in das Schreiben hineingefunden hat. Manchmal genügt es schon, mit dem Kind über das aufgegebene Thema zu sprechen und einen Anfang zu finden.

Die folgenden Punkte können Ihnen außerdem helfen, Ihr Kind sinnvoll zu unterstützen:
- Sammeln Sie mit Ihrem Kind zunächst mündlich Ideen, was es schreiben könnte. Lassen Sie zunächst alle Ideen zu, bewerten Sie nicht zu früh.
- Lassen Sie dann Ihr Kind entscheiden, um was es in der Geschichte im Kern gehen soll.
- Ermutigen Sie Ihr Kind, die Fantasie noch einmal fliegen zu lassen: Was könnte Lustiges passieren? Was könnte die Geschichte erzählenswert machen?
- Lassen Sie Ihr Kind mündlich zusammenfassen, was für eine Geschichte ihm nun vorschwebt.
- Lassen Sie Ihr Kind ein paar Stichpunkte zu den Personen (Wer?) und zur Handlung (Was geschieht?) notieren und dann die Ausführungen zur Handlung in eine geeignete Reihenfolge bringen.
- Lassen Sie Ihr Kind nachsehen, was es über den Aufbau des jeweiligen Aufsatztyps gelernt hat. Soll vielleicht die Aufteilung in Einleitung, Hauptteil und Schluss beachtet werden? Wie können Übergänge zwischen diesen Teilen erfolgen?
- Verlangen Sie kein perfektes Produkt. In der Grundschule sollte häusliches Üben (je nach Bundesland und Klassenstufe) nicht mehr als 30 bis 60 Minuten täglich umfassen (vgl. Kapitel »Hausaufgaben«).

Hat das Kind schon einen Text geschrieben oder einen Teil davon, so wird dieser zunächst nur inhaltlich überarbeitet und erst in einem späteren Schritt bezüglich der Rechtschreibung. Zentral bei der Überarbeitung ist, dass der Text für Leserinnen und Leser verständlich wird. Folgende Fragen helfen weiter:
- Wird tatsächlich eine Geschichte von Anfang bis Ende erzählt?
- Wird das Wichtige ausführlich beschrieben?
- Weiß man immer, um welche Person es gerade geht?

- Ist die Geschichte auch für Außenstehende verständlich?
- Werden manche Wörter sehr häufig verwendet?
- Wiederholen sich die Satzanfänge?
- Ist die Rechtschreibung korrekt?
- Werden die Kriterien berücksichtigt, die die Lehrkraft den Kindern mitgegeben hat?

Auch bei dieser Unterstützung sollte klar bleiben, dass Ihr Kind den Aufsatz selbst schreibt und Sie ihm lediglich auf dem Weg zur Selbstständigkeit behilflich sind. Sie können diese Haltung deutlich machen, indem Sie sich nicht neben das Kind setzen, ihm keine Sätze vorformulieren und dann auch Ergebnisse akzeptieren, die nicht perfekt sind. Anders gesagt: Bei dem Dreischritt »Planen – Schreiben – Überarbeiten« können Sie Ihrem Kind in der ersten und dritten Phase als Gesprächspartner und mit kritischen Rückfragen zur Seite stehen. Aus der zweiten Phase, dem Schreiben, sollten Sie sich jedoch heraushalten.

Eine sehr schöne Möglichkeit, in der Familie das Schreiben von Geschichten zu fördern, besteht schließlich darin, Geschichten zu erzählen. Hier ist es denkbar, dass Eltern erzählen, Kinder erzählen oder alle zusammen bzw. abwechselnd erzählen. Auf diese Weise entstehen Geschichten, deren hohe oder auch mal geringe Qualität alle spüren und deren Entstehung oft mit viel Fröhlichkeit verbunden ist.

Das Wichtigste in Kürze

Das Schreibenlernen ist eine hohe Anforderung, die Kinder unterschiedlich schnell bewältigen. Hilfreich vorab sind insbesondere ein vielfältiger Umgang mit Sprache und dem gedruckten Wort sowie feinmotorische Übungen. Es ist schön, wenn Sie Ihr Kind beim Schreiblernprozess aufmerksam, wohlwollend und zuversichtlich begleiten, ohne sich in den Lernprozess einzumischen.

Kinder schreiben zunächst lauttreu (»Schreib, wie du sprichst!«). Dies ist völlig in Ordnung und stellt eine große Leistung dar. Sie sollten freiwillig geschriebene Briefe und Geschichten Ihres Kindes grundsätzlich nicht korrigieren.

Für das Erlernen einer verbundenen Schrift stehen in den verschiedenen Bundesländern verschiedene Ausgangsschriften zur Verfügung. Beim Erlernen von Druck- und Schreibschrift kann auf eine günstige Stifthaltung und entsprechende Bewegungsabläufe geachtet werden. Besonderes Augenmerk darauf ist bei Linkshändern zu legen.

Sie können Ihr Kind zum Schreiben im Alltag motivieren, wenn Sie beispielsweise Nachrichten schriftlich austauschen oder Ihr Kind den Familienkalender führen lassen.

Diktate stellen keine geeignete Übungsform dar. Sie sollten mit Ihrem Kind deshalb keine Diktate üben.

Bei Aufsätzen können Sie mit Ihrem Kind vorab ins Gespräch über eine mögliche Geschichte kommen oder geeignete Fragen an den Text richten. Sie können auch auf die in der Schule gelernten Kriterien verweisen. Hilfreich ist es außerdem, sofern es allen Freude macht, sich in der Familie immer wieder gegenseitig Geschichten zu erzählen oder begonnene Geschichten weiterzuerzählen.

Mein Kind lernt rechnen

Kinder – und oft auch ihre Eltern – sind stolz, wenn sie erstmals bis zehn, dann bis zwanzig und schließlich bis hundert und noch weiter zählen können. Große Zahlen begeistern viele Kinder. Sie verweisen auf eine neue, spannende Welt voller Logik und Struktur. Manche Kinder entwickeln schon früh eine große Freude an Zahlen. Sie fangen unaufgefordert an, Dinge zu zählen und ihre Umwelt mittels Zahlen zu beschreiben. Beispielsweise interessieren sie sich für Zeiten, Höhen und Weiten im Sport oder wollen auf einer Autofahrt Höhen und Entfernungen genau wissen. Andere entdecken geometrische Muster in ihrer Umgebung und finden es beispielsweise spannend, Quadrate zu suchen.

Daneben gibt es aber auch Kinder, die nur wenig Interesse an Zahlen zeigen. Am Schulanfang gelingt es ihnen mit Mühe, bis zehn zu zählen. Fragen nach dem eigenen Lebensalter oder jenem von Geschwistern können sie kaum beantworten. Sie zählen nur selten etwas ab und wissen auch nicht, wie viele Kinder beispielsweise zu ihrer Kindergartengruppe gehören. Ihnen helfen Zahlen zunächst einmal nicht, wenn es darum geht, die Welt zu beschreiben und zu begreifen.

Dabei sind allen Kindern die grundlegenden Rechenoperationen – addieren, subtrahieren, multiplizieren und dividieren – bereits vor Schulbeginn vertraut. Sie kennen es aus ihrem täglichen Leben, etwas zu einer Menge dazuzugeben oder von ihr wegzunehmen. Sie können einen Kuchen in Stücke aufteilen und wissen, was es bedeutet, wenn man dreimal etwas tun darf. Der Weg zum schriftlichen Rechnen kann dennoch weit sein.

Wie lernen Kinder rechnen?

Um rechnen zu lernen, benötigt Ihr Kind verschiedene Fähigkeiten und auch unterschiedliche Zugangsweisen zu Zahlen. Zum einen geht es darum, mit Mengen umzugehen und zu verstehen, dass zehn große Fische und zehn kleine Fische immer gleich viele Fische sind. Zum andern ist es bedeutsam zu wissen, welche Zahlen kleiner bzw. größer sind (24 oder 42) und welche Zahlen nah beieinanderliegen (19 und 20) oder weit voneinander entfernt sind (21 und 91). Es gehört auch dazu, Dinge korrekt abzählen zu können. Dazu braucht es Wissen und Fähigkeiten: Ihr Kind muss zunächst lernen, dass die Reihenfolge der Zahlwörter fest und zu jeder Zeit dieselbe ist (»Ein, zwei, drei …«). Beim Zählen muss es jedem Objekt genau ein Zahlwort zuordnen und es muss wissen, dass das beim Zählen zuletzt verwendete Zahlwort die Größe der Menge bezeichnet. Auch muss es verstehen, dass diese Prinzipien bei allen Dingen jeder Art und Größe und in allen Anordnungen in gleicher Weise gelten. Dies stellt für Ihr Kind eine hohe Abstraktionsleistung dar.

Dennoch ist es wichtig, nicht beim Abzählen stehen zu bleiben. Ihr Kind muss lernen, Strukturen und Beziehungen zu entdecken und zu nutzen. Es ist wichtig, eine Zahl zerlegen zu lernen (8 = 6 + 2). In unserem Dezimalsystem ist es hilfreich, die Zehnerstruktur und die sogenannte »Kraft der Fünf« zu betonen. Die meisten Materialien für den Mathematikunterricht heben auch genau diese Punkte hervor. Sie enthalten zum Beispiel zweimal zehn Kugeln, von denen immer die Hälfte rot bzw. schwarz ist.

Bevor Ihr Kind im Kopf rechnet, muss es die Operationen konkret begreifen. Deshalb hilft es ihm, wenn es im ersten Schuljahr und auch darüber hinaus mit Material zum Anfassen und Anschauen rechnen kann. Auch Zeichnungen im Buch und Heft sind hier geeignet.

Kinder lernen auf unterschiedliche Weise rechnen.
Sie rechnen auch später mittels verschiedener Strategien.
Es ist wichtig, verschiedene Strategien auszuprobieren und zur Verfügung zu haben.

Manche Kinder schieben gerne Kugeln auf einer sogenannten Rechenmaschine hin und her; andere bevorzugen den Zahlenstrahl als Hilfe. So kann auch die Aufgabe

7 + 6 = __

ganz verschieden gerechnet werden. Ihr Kind entscheidet sich vielleicht dazu, zunächst einen Haufen mit sieben Kugeln und einen Haufen mit sechs Kugeln vor sich hinzulegen und dann die eine Menge zur anderen dazuzuzählen. Möglich ist es auch, dass Ihr Kind von den sechs Kugeln drei zu den sieben Kugeln schiebt und dann 10 + 3 rechnet. Ein anderes Kind weiß vielleicht schon, dass das Doppelte von sechs zwölf ist, und kommt so sehr schnell zu einer Lösung. Ein anderes wiederum arbeitet am liebsten mit dem Zahlenstrahl und geht, bei der Sieben beginnend, sechs Schritte vor, bis es bei der Dreizehn ankommt:

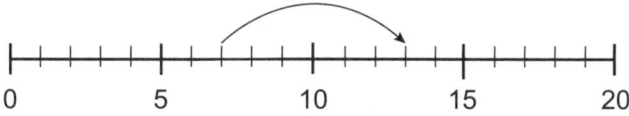

Rechnen mit dem Zahlenstrahl: 7 + 6 = 13

Ist es sinnvoll, wenn mein Kind mit den Fingern rechnet?

Kinder setzen zumeist von Anfang an Finger zum Zählen ein und bekommen diese Strategie auch häufig von Erwachsenen gezeigt. Finger sind sehr praktisch: Sie passen ganz ausgezeichnet zu unserem Zehnersystem und weisen eine günstige Struktur (2 × 5) auf. Man hat sie immer dabei, muss sie nicht erst aufbauen und danach aufräumen und kann sie weder verlieren noch vergessen.

Die Frage, ob es sinnvoll ist, wenn Kinder mit den Fingern zählen und rechnen, wird von Expertinnen und Experten verschieden beantwortet (vgl. zum Beispiel Lesemann, 2016; Schulz, 2014). Manche befürworten grundsätzlich Strategien, die Kinder von sich aus entwickeln, und wollen hier nicht eingreifen. Andere schlagen vor, die Strategien der Kinder zu thematisieren und in den Unterricht einzubeziehen. Wieder andere sehen die Gefahr, dass Kinder sich an das zählende Rechnen mit Fingern gewöhnen und sich später nicht mehr davon lösen können. Denn im Zahlenraum jenseits von zehn oder gar zwanzig ist die Angewiesenheit auf Finger schwierig und wenig Erfolg versprechend. Tatsächlich benutzen nicht wenige Erwachsene noch immer die Finger zum Rechnen, obwohl sie mit dieser Strategie selbst nicht zufrieden sind.

Nimmt man alle Argumente zusammen, so gilt:

Regen Sie Ihr Kind nicht dazu an, mit den Fingern zu rechnen.

Das heißt nicht, dass Sie es Ihrem Kind verbieten sollten. Es bedeutet aber, das Zählen und Rechnen mit Fingern nicht zu verstärken und beim häuslichen Rechnen dem Kind ein Material anzubieten, sodass es nicht gezwungen ist, auf seine Finger zurückzugreifen. Die Gefahr, dass es sonst nicht mehr davon wegkommt, ist einfach zu groß.

Warum fällt manchen Kindern das Rechnen so schwer?

Um erfolgreich rechnen zu können, bedarf es verschiedener Fähigkeiten. Eine wichtige Grundfähigkeit ist das Wahrnehmen und Sich-Merken bildlicher Informationen wie z. B. beim Memory-Spielen. Überhaupt sind Gedächtnisleistungen wichtig. Wer über kein gutes Arbeitsgedächtnis verfügt, kann schwierigere Aufgaben mit mehreren Schritten im Kopf kaum lösen. Nötig sind außerdem Aufmerksamkeit und eine sichere Vorstellung vom Raum. Hinzu kommen mathematische Vorerfahrungen, wie z. B. das Zuordnen von Spielkarten zu Mitspielern beim Austeilen von Karten, das Einteilen von Kindern in gleich große Gruppen, das Bilden von Reihenfolgen (Erster, Zweiter, Dritter ...) oder das Zählen in umgekehrter Reihenfolge bzw. in Zweierschritten (2, 4, 6, 8 ...).

Viele Kinder haben Schwierigkeiten beim Erfassen, Notieren und Sich-Vorstellen zweistelliger Zahlen. Denn während beispielsweise im Französischen oder Englischen die geschriebene Zahl (zum Beispiel 24) konsequent die gesprochene abbildet (zum Beispiel twenty-four), erfolgt in der deutschen Sprache eine Umkehrung von Zehner und Einer (»vier-und-zwanzig«). Wer aber eine »24« nicht sicher von einer »42« unterscheiden kann, hat eine zusätzliche Schwierigkeit bei der Entwicklung der Zahlraumvorstellung. Untersuchungen zeigen, dass sogenannte Zahlendreher bei deutschen Zweitklässlern häufig vorkommen, bei französischen hingegen so gut wie nicht. Besonders schwierig ist es natürlich für zweisprachig aufwachsende Kinder, wenn sich die beiden Sprachen beim Schreiben zweistelliger Zahlen unterscheiden.

Rechnen ist eine sehr komplexe geistige Tätigkeit. Schwierigkeiten können unterschiedliche Ursachen haben und sich in verschiedenen Feldern zeigen. Daher: Erst die Ursachen der Schwierigkeiten ergründen, dann passend üben!

Wenig zielführend sind gut gemeinte Hilfen von Eltern und Großeltern zur falschen Zeit, wie zum Beispiel das Vorstellen des schriftlichen Addierens, wenn eigentlich noch im Kopf oder halbschriftlich gerechnet werden soll. Auch alle Hinweise, die Rechnen als das Abarbeiten von Regeln erscheinen lassen, können sich als ungünstig erweisen. Ihr Kind, dem es noch an Zahlenverständnis mangelt, kann dann zwar einer gut erklärten Regel im abgesteckten Rahmen folgen, stößt aber bei jedem neuen Thema wieder auf unüberwindliche Schwierigkeiten. Wichtig ist es also, eine gute Vorstellung von Zahlen zu bekommen und sich darin zu üben, flexible Lösungen für Aufgaben zu finden.

Vielleicht stellen Sie sich die Frage, ob die Schwierigkeiten Ihres Kindes noch im Bereich des »Normalen« liegen. In Kapitel »Lernprobleme« finden sich Ausführungen zu Rechenstörungen. Sie verdeutlichen die Schwierigkeiten eines Kindes mit erheblichen Beeinträchtigungen und erlauben Ihnen eine erste Einschätzung, ob Ihr Kind einfach noch Zeit im regulären Unterricht braucht oder ob eine ernst zu nehmende Rechenstörung vorliegen könnte.

Wie kann ich mein Kind beim Rechnen unterstützen?

Wenn Sie Ihr Kind unterstützen möchten, so sollten Sie nicht vorschnell ergebnisorientiert arbeiten. Stattdessen sollte Ihr Kind Zeit und Gelegenheiten erhalten, um möglichst spielerisch und vielfältig den Zahlbegriff zu entwickeln und eigenständig zu Lösungen zu gelangen.

Wie kann ich die Entwicklung der grundlegenden Fähigkeiten unterstützen?

Wenn Sie selbst gerne mit Zahlen umgehen, so fällt es Ihnen vermutlich leicht, die Umwelt und das gemeinsame Tun immer wieder mithilfe von Zahlen zu beschreiben. Es können Fragen wie die folgenden in der jeweiligen Situation gestellt werden: Wie viele Strümpfe hängen auf der Leine? Wie viele Paare sind es? Wann fährt nachher der Zug? Wie viel Zeit haben wir noch? Reicht es uns für einen Einkauf beim Bäcker? Wie viele Äpfel haben wir in der Kiste? Genügen uns diese für einen Apfelkuchen? Wie viele Tage sind es noch bis zum Geburtstag? Liegt der Geburtstag näher an Ostern oder an Weihnachten? Wie groß bist du heute? Wie groß warst du bei deiner Geburt? Wie viele Zentimeter möchtest du noch wachsen?

Besonders viele Möglichkeiten für die Entwicklung des Zahlbegriffs bietet neben dem Einkaufen das Arbeiten in der Küche. Das Abschätzen und Abwiegen von Mengen, das Betrachten der interessant strukturierten Eierschachteln, das Verdoppeln oder Halbieren angegebener Mengen, aber auch das Tischdecken und Einräumen von Geschirr in die Spülmaschine stellen viele Gelegenheiten für Gespräche mit und über Zahlen bereit.

Das Schätzen von Mengen und das Aufteilen und Verteilen können Sie zu Hause auch ganz bewusst fordern und fördern, sofern es Ihnen Freude bereitet: Gibt es in der Familie beispielsweise einen Kuchen aufzuschneiden oder Erdbeeren unterschiedlicher Größe gerecht zu verteilen, dann können Sie diese Aufgabe Ihrem Kind übertragen. Denn wenn es um die Frage geht, wer wie viel von den Leckereien bekommt, dann wird zumeist sehr genau geschaut und überlegt.

Möglich erscheint es auch, hin und wieder Schätzaufgaben zu stellen und zum Beispiel nach der Weihnachtsbäckerei die Zahl der gebackenen Plätzchen erst schätzen und dann zählen zu lassen. Das

Wie kann ich mein Kind beim Rechnen unterstützen?

Familienmitglied, das mit seiner Schätzung am nächsten an der ermittelten Anzahl liegt, kann dann vielleicht mit dem ersten oder einem Extraplätzchen belohnt werden.

Unser tägliches Leben, sei es beim Einkaufen, Bezahlen oder im Haushalt, ist voll von Gelegenheiten, die thematisiert werden können, um die Zahlbegriffsentwicklung zu fördern.

Darüber hinaus sind Würfelspiele gut geeignet, um Vorläuferfähigkeiten des späteren Rechnens zu stärken. Auch andere Spiele, wie zum Beispiel das klassische Domino mit ein bis sechs Punkten oder Memorys mit Bildern von Mengen (Drei Katzen oder zwei Katzen?) können hier empfohlen werden. Ihr Kind kann auch vom Ausgeben von Karten vor Spielbeginn profitieren.

Nicht zuletzt stellen das Planen und Organisieren mithilfe von Uhr (sowohl mit Ziffernblatt als auch digital) und Kalender vielfältige Lernchancen bereit.

Wie kann ich mein Kind beim Rechnenlernen begleiten?

Kinder bilden beim Rechnenlernen verschiedene Strategien aus (zum Beispiel bei 7 + 6 = __). Es ist wichtig für Ihr Kind, diese verschiedenen Strategien kennenzulernen und auszuprobieren, um sie später flexibel und erfolgreich einsetzen zu können. Keinesfalls sollten Sie Ihrem Kind Ihre eigene, vermeintlich bessere Strategie verordnen. Anders gesagt: Kommt Ihr Kind nicht zum richtigen Ergebnis, so wäre es unklug, nach der Feststellung »Falsch!« das Kind anzuleiten, wie es zum richtigen Ergebnis gelangt. Viel geschickter ist es, das Kind offen und interessiert zu fragen, wie es gerechnet hat.

Fehler beim Rechnen eröffnen ein Fenster in den Denkprozess eines Kindes und laden ein, über Rechenwege und Strategien nachzudenken.

Fehler machen deutlich, wo das Kind gerade steht und welche Art von Hinweis hilfreich sein könnte. Manchmal sind Erwachsene völlig verblüfft, wenn sie sich erklären lassen, wie der Rechenweg aussah und wie das Kind zum Ergebnis gelangte. Das gemeinsame Gespräch über den Rechenweg kann aber nicht nur Ihnen die Augen öffnen, sondern auch Ihrem Kind eine Gelegenheit bieten, über die Sinnhaftigkeit eigener Strategien nachzudenken.

Im ersten Schuljahr ist es wichtig, mit konkretem Material (zum Beispiel Perlen oder Plättchen) zu arbeiten. Erst dann, wenn es im Kopf deutlich schneller als handelnd geht, sollte auf Material verzichtet werden. Besonders geeignet sind konkrete Materialien, die die Struktur unseres Zehnersystems und die »Kraft der Fünf« veranschaulichen (zum Beispiel zweimal fünf rote und zweimal fünf schwarze Kugeln auf Stäben aufgefädelt oder zweifarbige Wendeplättchen in einem Rahmen mit viermal fünf Vertiefungen sowie entsprechend eingefärbte Eierschachteln für zwanzig Eier).

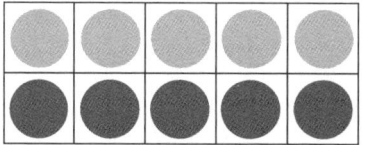 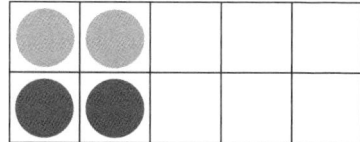

Mathematikmaterial mit der »Kraft der Fünf«

Ein solches strukturiertes Material ist einem unstrukturierten Material aus der Umwelt (zum Beispiel Kastanien oder Knöpfe) vorzuziehen. Das soll natürlich nicht heißen, dass nicht hin und wieder mit Kastanien oder Knöpfen gerechnet werden kann – bieten Sie Ihrem Kind doch zu Hause auch verschiedene Materialien an, damit es herausfinden kann, welche ihm helfen. Vielleicht bevorzugt es auch das vom Mathematik-Lehrwerk vorgeschlagene Material: Es ist Ihrem Kind schon bekannt, sodass es leicht damit arbeiten kann. Die in vielen Familien vorhandene Russische Rechenmaschine (Abakus, Rechenrahmen) ist für den Mathematikunterricht in der Schule nicht die erste Wahl. Für häusliches Spielen und Üben ist sie aber, wenn die Kugeln zweifarbig sind und die »Kraft der Fünf« nutzen, völlig in Ordnung. In der zweiten Klasse stellt dann beispielsweise die Hundertertafel ein hilfreiches Anschauungsmaterial dar. Auch jetzt ist es noch immer wichtig, dass Ihr Kind seinen Zahlbegriff weiterentwickelt und nicht einfach fertigen Rechenvorschriften folgt. Sehr hilfreich ist es, wenn das Kind immer wieder begleitend zum Rechnen spricht. Dadurch ergibt sich die Chance, über die Aufgaben und die verschiedenen Rechenstrategien des Kindes und auch jene des Schulbuchs ins Gespräch zu kommen.

1	2	3	4	5	6	7	8	9	10
11	12	13	14	15	16	17	18	19	20
21	22	23	24	25	26	27	28	29	30
31	32	33	34	35	36	37	38	39	40
41	42	43	44	45	46	47	48	49	50
51	52	53	54	55	56	57	58	59	60
61	62	63	64	65	66	67	68	69	70
71	72	73	74	75	76	77	78	79	80
81	82	83	84	85	86	87	88	89	90
91	92	93	94	95	96	97	98	99	100

Hundertertafel

Für besondere Anlässe gibt es auch Rechenwaagen oder Schüttelboxen mit hohem Aufforderungscharakter. Diese sind aber nicht als regelmäßige Begleiter beim Rechnenlernen geeignet.

Für das Rechnenlernen sind Klötzchen, Perlen oder Plättchen sehr wichtig. Besonders gut geeignet ist strukturiertes Material, das auf die Zehnerstruktur und die »Kraft der Fünf« verweist. Auch die häufig vorhandene Russische Rechenmaschine kann zu Hause genutzt werden.

Auf dem Weg vom handelnden Rechnen hin zu einem Rechnen im Kopf kann es sinnvoll sein, mit Zeichnungen zu arbeiten. In den meisten Mathematikbüchern gibt es viele Aufgabenstellungen dieser Art (»Klara hat zwölf Bonbons. Paul bekommt vier davon.«). Ihr Kind soll hierbei eine Aufgabe lesen und dann eine entsprechende Zeichnung anfertigen. Diese kann mit der Zeit immer weniger konkret ausfallen, bis für einzelne Dinge nur noch Kreise oder Striche gezeichnet werden. Dabei erlebt Ihr Kind, wie konkrete Dinge zeichnerisch und schließlich nur noch formalisiert dargestellt werden.

Am Schulanfang schreiben viele Kinder Zahlen noch seitenverkehrt. Eltern erschrecken manchmal, wenn sie solche Lösungen sehen. Tatsächlich wird auch bei der hier abgebildeten Zerlegungsaufgabe erst auf den zweiten Blick deutlich, dass das Kind die Zerlegung von 13 Euro in zwei Summanden richtig gelöst hat.

Zerlegung von 13 Euro in 6 plus 7 (seitenverkehrte Schreibweise)

In der Regel können Eltern gelassen bleiben, wenn spiegelbildliche Schreibungen am Schulanfang auftreten. Diese verschwinden fast immer im Laufe des ersten oder zweiten Schuljahres. Wenn sich der Zahlenraum vergrößert, dann schreiben manche Kinder aber die zweistelligen Zahlen nicht korrekt von links nach rechts, sondern von rechts nach links. Sie beginnen also beim Schreiben der 25 mit der rechts stehenden 5. Dies fällt in der Schule oft nicht auf, weil das Ergebnis, anders als die seitenverkehrt geschriebene Zahl, korrekt erscheint. Sie sollten Ihr Kind aber darauf aufmerksam machen, dass die gewählte Variante bei größeren Zahlen sehr unpraktisch und fehleranfällig ist. Auch das spätere und vielleicht schon herbeigesehnte Arbeiten mit dem Taschenrechner erfordert ein Eintippen der Zahlen von links nach rechts.

Wie kann mein Kind Textaufgaben leichter bewältigen?

Textaufgaben fallen vielen Kindern schwer. Während erste alltagsnahe Rechengeschichten im zweiten Schuljahr noch leicht bewältigt werden (»Im Schulbus sind fünf Kinder. Es kommen drei dazu.«), überfordern spätere Aufgabenstellungen mit mehreren Teilrechnungen und schwierigen Formulierungen viele Kinder. Manche überlesen ein wichtiges Wort oder verstehen ein solches nicht. Andere kennen die Situation, um die es geht, nicht und können dadurch keine passende Lösung entwickeln. Auch erscheint entscheidend, welches Zahlverständnis eine Aufgabe erfordert: Reicht ein Weiterzählen bzw. ein Rückwärtszählen oder ist ein tieferes Verständnis erforderlich? Leicht wäre bei dieser Betrachtungsweise beispielsweise die Aufgabe: »Mila hat neun Kekse. Sie gibt Leon drei davon. Wie viele Kekse hat Mila nun?« Schwer wäre hingegen diese Aufgabe: »Mila hat neun Kekse. Sie hat drei Kekse mehr als Leon. Wie viele Kekse hat Leon?«

Wenn Sie Ihrem Kind bei einer Textaufgabe helfen möchten, sollten Sie keinesfalls vorschnell die Lösung erklären. In der Schule und ganz besonders in der Klassenarbeit muss Ihr Kind Lernhürden auch selbst überwinden. Besser ist es deshalb, das Kind zunächst die Aufgabe zwei- oder dreimal lesen zu lassen. Danach kann es in eigenen Worten beschreiben, um was es in der Aufgabe geht. Hilfreich kann hier auch eine Zeichnung sein oder ein Nachspielen oder Nachstellen der Situation.

Zeigt es sich, dass Ihr Kind die Aufgabe im Grunde nicht verstanden oder einen notwendigen Teilschritt übersehen hat, so können Sie beispielsweise mit dem Finger auf ein zentrales Wort zeigen und so das Kind zum gründlichen Lesen und selbstständigen Denken anregen. Grundsätzlich tun Sie in solchen Fällen gut daran, wenig zu sprechen, wenig zu lenken und im Wesentlichen nur sparsam Impulse zu setzen.

Besteht die Rechnung aus mehreren Teilschritten, so ist es sinnvoll, auf Übersichtlichkeit zu achten und Zwischenschritte zu notieren. Wird mit Einheiten (zum Beispiel kg oder cm) gerechnet, so sollten diese am Ende nochmals überprüft werden. Ebenso ist es sinnvoll, einen Überschlag zu machen und das Ergebnis daraufhin zu kontrollieren, ob es überhaupt möglich ist.

Das Wichtigste in Kürze

Rechnen ist eine komplexe geistige Tätigkeit, die sich nicht im einfachen Anwenden von Regeln erschöpft. Um rechnen zu lernen, benötigt Ihr Kind einen gut entwickelten Zahlbegriff und vielfältige Strategien.

Im Alltag gibt es viele Gelegenheiten, die für die Zahlbegriffsentwicklung genutzt werden können, etwa in der Küche oder beim Einkaufen. Hier kann beispielsweise geschätzt, gezählt, abgewogen, verteilt, verdoppelt und halbiert werden.

Im ersten Schuljahr ist es wichtig, das Kind mit Material rechnen zu lassen. Besonders hilfreich sind Materialien, die die Struktur unseres Dezimalsystems und die »Kraft der Fünf« verdeutlichen. Das Rechnen mit Fingern kann nicht empfohlen werden.

Wenn Sie Ihr Kind unterstützen möchten, dann sollten Sie nicht vorschnell auf richtige Ergebnisse zusteuern und Ihre persönlichen Strategien vorgeben. Ermutigen Sie Ihr Kind, eigene Rechenstrategien zu entwickeln und mit anderen über diese zu sprechen. Fehler können Sie als Fenster in die Denkprozesse Ihres Kindes sehen und zum Nachdenken über Rechenwege nutzen.

Wenn Ihr Kind mit dem Rechnen Schwierigkeiten hat, bedarf es der Ermutigung. Sie brauchen Geduld, Einfühlungsvermögen und Zuversicht.

Bei Textaufgaben unterstützen Sie dann sinnvoll, wenn Sie sich selbst zurückhalten und Ihr Kind zum gründlichen Lesen und Überlegen anhalten.

Hausaufgaben: Lernchance oder Hausfriedensbruch?

Hausaufgaben bringen die Schule nach Hause und sie verändern das Familienleben. Während Befürworter der Hausaufgaben von einer wichtigen Lernchance sprechen, bezeichnen Kritiker sie als Hausfriedensbruch. Manche Kinder bearbeiten ihre Aufgaben zumeist zügig und freudig, andere schieben sie vor sich her, weinen und schreien und bringen sich und ihre Eltern nahezu täglich an den Rand der Verzweiflung. Vielleicht sind auch Sie überrascht, wie schwer Ihrem Kind die Hausaufgaben fallen und wie schwierig die häusliche Hausaufgabensituation ist. Möglicherweise erleben Sie sich selbst als zunehmend ungeduldig und wissen nicht mehr weiter.

Vielleicht fragen Sie sich: Welche Rolle spielen Hausaufgaben für den Lernerfolg? Warum ist die Hausaufgabensituation oft so schwierig? Welche elterliche Hilfe ist sinnvoll?

Sind Hausaufgaben wichtig für den Lernerfolg?

Die Frage, ob Hausaufgaben wichtig für den Lernerfolg sind, wird manche Leserinnen und Leser überraschen. Wie verschiedene Befragungen zeigen, sind Eltern, Lehrkräfte und auch Kinder mehrheitlich davon überzeugt, dass Hausaufgaben eine große Bedeutung für den Lernerfolg haben. Es erscheint ja auch einsichtig: Wenn nachmittags nochmals geübt, also gelesen, geschrieben und gerechnet wird, dann wird das Kind besser im Lesen, Schreiben und Rechnen. Schließlich gilt doch: Übung hilft.

Tatsächlich aber zeichnen wissenschaftliche Untersuchungen seit Jahren und Jahrzehnten ein anderes Bild (vgl. zum Beispiel Hattie, 2009; Kohler, 2017): Der leistungssteigernde Effekt von Hausaufgaben ist im Durchschnitt gering. Besonders niedrig fällt er, je nach Studie, in der Grundschule oder in der Sekundarstufe I aus (vgl. zum Beispiel Fan, Xu, Cai, He & Fan, 2017). Laut der viel zitierten Hattie-Studie aus dem Jahre 2009 liegt er in der Grundschule nahezu bei null. Anders gesagt: Nach den derzeit vorliegenden Forschungsergebnissen spielt es, zumindest bei jüngeren Schülerinnen und Schülern, für den fachlichen Lernerfolg keine große Rolle, ob Hausaufgaben aufgegeben werden oder nicht.

Dies muss nicht heißen, dass Hausaufgaben immer und in jedem einzelnen Fall ohne Bedeutung für den Lernerfolg sind. Schließlich kann es durchaus sein, dass Ihr Kind bei einer Hausaufgabe etwas Wichtiges lernt, während ein anderes bei derselben Aufgabe einen Fehler mehrfach macht und sich diesen einprägt, also eine schlechte Leistungsentwicklung zeigt. Große Schulleistungsstudien mit mehreren Hundert teilnehmenden Schülerinnen und Schülern und erst recht zusammenfassende Analysen dieser Studien (zum Beispiel Fan u. a., 2017; Hattie, 2009) vernachlässigen solche individuellen Unterschiede und konzentrieren sich stattdessen auf Durchschnittswerte. In der Regel und über alle Kinder und alle Klassen hinweg lässt sich mit Blick auf vorliegende Studien aber sagen:

Hausaufgaben haben für den Lernerfolg in der Grundschule fast keine Bedeutung. Ob sie zu einem besseren Zeitmanagement oder zu mehr Selbstständigkeit führen, ist nicht bekannt.

Dieses Ergebnis scheint auf den ersten Blick dem gesunden Menschenverstand zu widersprechen und verlangt nach einer Erklärung.

Warum sind Hausaufgaben in der Grundschule praktisch bedeutungslos für den Lernerfolg?

Tatsächlich gibt es viele Gründe, die deutlich werden lassen, warum etwas nicht gilt, das uns so einsichtig erscheint. Die folgenden möglichen Gründe müssen natürlich im Einzelfall nicht zutreffen. Es gibt sicher Lehrkräfte, die ihre Hausaufgaben gründlich überdenken. Häufig jedoch gilt Folgendes:

- **Die Hausaufgaben haben kein fachliches Ziel:** Immer wieder werden in der Grundschule Hausaufgaben gegeben, die eher der Beschäftigung als dem Lernzuwachs dienen. Dies gilt ganz besonders für die vielen Aufgaben zum Ausmalen.
- **Die Hausaufgaben sind zu leicht:** Lehrkräfte, die es gut meinen, geben manchmal zu leichte Hausaufgaben. Dies trägt nicht zum Lernerfolg bei: Wie soll man etwas dazulernen, wenn man es schon kann?
- **Die Hausaufgaben sind zu schwer:** Wenn Hausaufgaben zu schwer sind, dann werden sie von Kindern, die zu Hause keine Unterstützung bekommen, nicht oder falsch gemacht. In anderen Familien werden sie von den Eltern erledigt.
- **Das Stellen der Hausaufgaben kostet viel Zeit:** Eigentlich sollen Hausaufgaben zusätzliche Lernzeit bereitstellen. Manchmal dauert aber das Stellen, Erklären und Aufschreiben sehr lange, sodass der nachmittägliche Gewinn von Lernzeit mit dem Verlust von vormittäglicher Lernzeit erkauft wird.
- **Das Stellen der Hausaufgaben erfolgt nicht sorgfältig:** Lehrerinnen und Lehrer, die Unterrichtszeit nicht dafür verschwenden möchten, stellen die Hausaufgaben manchmal hastig am Stun-

denende. Zu Hause wissen die Kinder dann nicht, worauf es eigentlich ankommt und was sie genau tun sollen.

> *Einmal in Deutsch hab ich es nicht verstanden, weil da musste man Wörter einsetzen, aber es waren zu wenig Wörter. Ich hab ewig überlegt. Und ich hab dann meine Mutter gefragt, aber die wusste es auch nicht. Am nächsten Morgen hat Frau B. dann erst nach der Kontrolle gesagt, dass man die Wörter zweimal nehmen kann. (Johannes, 8 Jahre)*

- **Die Hausaufgaben werden nicht besprochen oder durchgesehen:** Wenn falsche oder nicht gelungene Hausaufgaben unbemerkt und unkommentiert bleiben, schleifen sich Fehler ein. Außerdem geben sich die Kinder dann bei den weiteren Hausaufgaben keine Mühe mehr.

- **Die Hausaufgabenbesprechung dauert sehr lange:** Lehrkräfte, die beim Durchsehen der Aufgaben in der Stunde Fehler erkennen, brauchen manchmal zum Besprechen länger als die Kinder zum Anfertigen. Hier wäre es zeitsparender, gleich gemeinsam in der Schule zu üben und auf Hausaufgaben zu verzichten.

- **Fehlende Hausaufgaben werden umständlich notiert und sanktioniert:** Es kann viel Zeit kosten, wenn Lehrkräfte fehlende Hausaufgaben notieren, einfordern, später kontrollieren und eventuell mit Sanktionen belegen, welche wiederum eingefordert und kontrolliert werden müssen.

Nur wenige Lehrkräfte kennen die Forschungsergebnisse zur fehlenden Effektivität von Hausaufgaben. Überhaupt kommt das Thema der Hausaufgaben in der Lehrerinnen- und Lehrerbildung kaum einmal vor. Auch wenn einige Grundschullehrerinnen und -lehrer aufgrund eigener Erfahrungen schon weitgehend auf Hausaufgaben verzichten, so halten doch andere ohne großes Nachdenken weiter an ihnen fest. Manche meinen mit täglichen Hausaufgaben auch den Erwartungen der Eltern entsprechen zu müssen. Andere fürchten oder erleben, dass sie ohne oder mit nur wenigen Hausaufgaben im Kollegium auf Unverständnis stoßen.

Wie kann ich damit umgehen, dass Hausaufgaben praktisch bedeutungslos für den Lernerfolg sind?

Tatsächlich ist dies eine schwierige Frage, sofern Ihr Kind Hausaufgaben bekommt und vielleicht Schwierigkeiten damit hat. Sie können hier als Einzelperson nur schwer gegen die Hausaufgabenpraxis der Lehrkräfte argumentieren. Sie können aber in jedem Fall am Elternabend anderen Eltern widersprechen, die vielleicht noch mehr Hausaufgaben einfordern. Außerdem können Sie über die Elternvertreterinnen und Elternvertreter oder in geeigneten Gesprächsrunden und Sitzungen dafür eintreten, dass die Frage der Hausaufgaben an der Schule oder in der Klasse einmal gründlich thematisiert wird.

Darüber hinaus können Sie bei Ihrem Kind, gerade auch bei Schwierigkeiten mit den Hausaufgaben, eine wohltuende Gelassenheit entwickeln. Wenn klar ist, dass Hausaufgaben eher aus Gründen der Tradition und nicht wegen eines eventuell hohen Lerngewinns aufgegeben werden, dann können Sie über nur mäßig geglückte Hausaufgaben leichter hinwegsehen. Ebenso brauchen Sie sich bei Lehrkräften, die keine oder nur wenige Hausaufgaben geben, keine Sorgen machen, sondern können diese Handlungsweise schätzen. Auch können Sie sich mit Ihrem Kind freuen, wenn es keine Hausaufgaben hat. Denn Sie wissen:

Der Schulerfolg Ihres Kindes wird sich nicht an den Hausaufgaben entscheiden.

Nicht klug wäre es dabei, dem eigenen Kind zu sagen, dass Hausaufgaben verschiedenen Studien zufolge nutzlos sind (siehe oben). Das Kind geriete sonst in einen Konflikt zwischen den schulischen Anforderungen und elterlichen Überzeugungen.

Sind Wochenhausaufgaben eine gute Lösung?

Viele Grundschulen sind dazu übergegangen, statt täglicher Hausaufgaben Wochenhausaufgaben aufzugeben. Häufig gehören diese zu einem Wochenplanunterricht, bei dem die Kinder zu Wochenbeginn ein Aufgabenpaket ausgeteilt bekommen, welches sie im Laufe der Woche in der Schule bearbeiten sollen. Hierbei können sie selbst bestimmen, in welcher Reihenfolge sie die Aufgaben erledigen möchten. Je nach Schule und Lehrkraft können sie sich neben den Pflichtaufgaben auch Wahlaufgaben aussuchen und selbst entscheiden, ob sie lieber alleine oder zu zweit oder in Gruppen arbeiten möchten.

Wochenpläne enthalten zum Teil eigens ausgewiesene Wochenhausaufgaben, die zu Hause angefertigt werden müssen. Zum Teil müssen Kinder mit Wochenplanunterricht aber auch jene Aufgaben zu Hause erledigen, mit denen sie in der Schule nicht fertig wurden. Darüber hinaus geben manche Lehrkräfte auch Wochenhausaufgaben in einem Fach oder in mehreren Fächern, ohne in der Schule Wochenplanunterricht zu erteilen. In diesem wie auch in anderen Punkten ist Grundschulunterricht heute sehr vielgestaltig.

Wochenhausaufgaben haben gegenüber täglichen Hausaufgaben den Vorteil, dass Kinder mit vielen Freizeitaktivitäten sich ihre Hausaufgaben passend einteilen können. Auch entfällt das Problem des Vergessens der Hausaufgaben, weil diese beispielsweise immer montags schriftlich ausgegeben und freitags wieder eingesammelt werden.

Hinter dem Konzept des Wochenplanunterrichts und ebenso der Wochenhausaufgaben steht außerdem die Idee, dass Kinder bei diesen Arbeitsformen lernen, sich die Arbeit einzuteilen. Sie haben so die Chance, ihr eigenes Lernen ein Stück weit selbst zu planen und zu gestalten und dann auch im Nachgang einzuschätzen und zu verbessern. Damit sich dieses Potenzial entfalten kann, müssen Wochenplanunterricht und Wochenhausaufgaben allerdings entsprechend konzipiert und begleitet werden. Gerade die Frage »Was habe ich diese Woche über mich gelernt und was kann ich zukünftig besser machen?« ist kein Selbstläufer, sondern bedarf der individuellen Unterstützung.

Abgesehen von den genannten Chancen teilen Wochenplanunterricht und Wochenhausaufgaben aber auch zwei große potenzielle Probleme: Besteht das wöchentliche Aufgabenpaket vorwiegend aus einer Sammlung von Pflichtaufgaben, so stellt sich bei vielen Schülerinnen und Schülern schnell die Tendenz ein, die Aufgaben einfach abzuarbeiten. Sie versuchen weniger, etwas in der Tiefe zu verstehen, sondern sie bemühen sich, die Aufgaben möglichst schnell abzuhaken.

Das zweite Problem bezieht sich auf fehlende Kompetenzen in der Selbststeuerung und Selbstorganisation und die Frage des Arbeitstempos und kann für Familien zu einem hohen Belastungsfaktor werden:

> Kinder, die langsam arbeiten und Aufgaben oft aufschieben, haben große Probleme mit Wochenhausaufgaben.

Noch problematischer wird die Situation, wenn langsam arbeitende Kinder wie Lukas auch noch sogenannte Restaufgaben vom schulischen Wochenplanunterricht mit nach Hause bringen und diese zusammen mit den Wochenhausaufgaben abgeben sollen:

Lukas geht nicht gerne zur Schule. Seine Hausaufgaben schiebt er grundsätzlich vor sich her. Jeden Montag schlägt ihm seine Mutter vor, schon mit den Wochenhausaufgaben zu beginnen. Jeden Montag antwortet Lukas, dass er diese später erledigen werde. Und jeden Donnerstag wiederholt sich die gleiche Szene: Lukas stellt fest, dass er noch viele Hausaufgaben zu erledigen hat und dass er das kaum schaffen kann. Der Berg scheint ihm so groß, dass er gar nicht mit den Aufgaben beginnen möchte. Schließlich setzt sich seine Mutter mit ihm hin und diktiert ihrem schreienden Kind mit wachsender Ungeduld seine Aufgaben.

Unlängst wurden die Aufgaben am Donnerstag nicht fertig, weil auch noch Aufgaben aus der Schule zu erledigen waren. Da bekam Lukas Aufschub über das Wochenende, das dann kaum noch ein anderes Thema hatte. Denn am Freitag wollte Lukas noch nicht beginnen und am Samstag auch nicht. Er schob die Aufgaben bis zum Sonntag vor sich her. Schließlich spielte sich am Sonntagnachmittag jene Szene ab, die bislang nur donnerstags auf dem Programm gestanden hatte: Lukas' Mutter diktierte ihrem schreienden Kind mit wachsender Ungeduld seine Aufgaben. Dieses Mal schaute die ganze Familie zu.

Was tun, wenn mein Kind seine Wochenhausaufgaben bis zum letzten Tag aufschiebt?

Wie bei vielen Fragen ist hier zunächst zu überlegen, wer unter den Gegebenheiten leidet und der Veränderung bedarf. Arbeitet Ihr Kind sehr zügig und bekommt es seine gesamten Aufgaben auch am letzten Tag vor der Abgabe selbstständig und zufriedenstellend hin, so werden Sie wenig Erfolg haben, wenn Sie Ihr Kind davon überzeugen wollen, sich die Arbeit gleichmäßig einzuteilen. Sie können allenfalls mit ihm zu Beginn der Woche überlegen, ob es dieses Mal vielleicht eine besonders aufwendige Aufgabe gibt oder am letzten Tag aufgrund einer besonderen Aktivität keine Möglichkeit besteht, die Aufgaben zu erledigen. Darüber hinaus lohnt es sich natürlich, gemeinsam zu überlegen, wie sich eine Woche anfühlt, wenn die Hausaufgaben schon erledigt oder noch zu bewältigen sind. Die Entscheidung über den Termin der Anfertigung sollten Sie aber besser Ihrem Kind überlassen. Schließlich sind es seine Aufgaben und es liegt in seiner Verantwortung, die Aufgaben rechtzeitig abzugeben.

> *Manchmal ist der ganze mittag verdorben.*

Wird Ihr Kind mit seinen aufgeschobenen Hausaufgaben am letzten möglichen Tag nicht fertig, so gibt es zunächst einmal keinen Grund für Sie, sich hier einzumischen. Schließlich wurden Ihrem Kind die Aufgaben gestellt und es hat aus freien Stücken beschlossen, nicht früher mit ihnen zu beginnen. Dies kann eine lehrreiche Erfahrung sein, die auch keiner zusätzlichen Vorhaltungen von Ihrer Seite bedarf: Wer etwas aufschiebt und dann merkt, dass dieses Aufschieben keine gute Lösung war, hat etwas Wichtiges gelernt. Die Lehrkraft hat dann die Chance, mit dem Kind zu überlegen, was mit den fehlenden Aufgaben geschehen soll und wie zukünftig zu arbeiten ist. Erscheinen sehr viele Kinder mit unvollständigen Aufgaben, so kann sie deren Umfang zukünftig verringern. Merken Sie allerdings, dass Ihr Kind Angst hat, mit unvollständigen Aufgaben in die Schule zu gehen, so können Sie ihm in Absprache einen kleinen freundlichen Brief an die Lehrkraft mitgeben.

Gibt die Lehrkraft die Problematik zurück an die Familie, so ist es wichtig, das Gespräch mit der Lehrkraft zu suchen. Keinesfalls sollten Sie sich nachmittagelang oder gar noch am Wochenende mit Ihrem Kind an die Hausaufgaben setzen und diese vielleicht auch noch in Teilen erledigen, damit Ihr Kind das Verlangte abliefern kann. Die Lehrkraft könnte beispielsweise gebeten werden, zukünftig keine übrig gebliebenen Aufgaben aus dem Unterricht nach Hause zu geben. Auch kann sie vielleicht dafür gewonnen werden, einen Teil der Aufgaben bereits in der Mitte der Woche einzufordern. Gerade für jüngere Kinder, die sich noch nicht so gut organisieren können, ist eine Woche schwer zu überblicken. Für sie kann es hilfreich sein, sich eine Aufgabe auszusuchen und diese am nächsten oder übernächsten Tag bereits abzugeben. Hausaufgaben wird ja zugeschrieben, Selbstorganisation und Selbstdisziplin zu fördern. Tatsächlich stellt sich aber die Frage, ob sie nicht vielmehr das voraussetzen, was sie zu fördern vorgeben.

Warum ist die Hausaufgabensituation oft so schwierig?

Sie können es manchmal kaum nachvollziehen: Ihr Kind hat vielleicht nur wenige Aufgaben. Diese könnte es, würde es sie zügig und konzentriert bearbeiten, in zwanzig oder dreißig Minuten erledigen. Anschließend hätte es einen freien Nachmittag und könnte unbelastet spielen gehen. Aber es kommt häufig anders, und so zieht sich am Ende die Hausaufgabensituation über den halben oder ganzen Nachmittag hin. Erst möchte Ihr Kind aus verschiedenen Gründen nicht anfangen, dann bleibt es nicht an den Aufgaben, hat Hunger oder Durst, schimpft und schreit.

In anderen Fällen stellt sich, nachdem sich Ihr Kind schließlich widerstrebend an die Aufgaben gesetzt hat, heraus, dass es gar nicht weiß, was es wie machen soll, oder dass es das zugehörige Schulbuch in der Schule vergessen hat. Versuchen Sie zu helfen und zu erklären, hört Ihr Kind nicht richtig zu, widerspricht und löst die Aufgaben absichtlich anders als von Ihnen vorgeschlagen.

Manchmal wartet aber auch ein großer Berg an Hausaufgaben, welchen Ihr Kind pflichtbewusst und umfassend, aber mit nachlassender Konzentration in mehrstündiger Arbeit abzutragen versucht, bis es nicht mehr kann. Am Ende ist es erschöpft und weint. Vielleicht können dann auch Sie nicht mehr. Sie würden zwar gerne helfen, finden aber keinen Weg. Sie müssen feststellen, dass Sie sich zunehmend ärgern, laut werden und Ihr Kind anschreien. Später am Abend, mit etwas Abstand, sind Sie entsetzt, wie misslungen der Nachmittag wieder war. Und dennoch finden Sie keine Lösung für die Situation. Tatsächlich gilt:

Die Hausaufgabensituation ist in vielen Familien äußerst schwierig und konfliktreich.

Folgende Gründe sind denkbar:

- **Die Hausaufgaben sind zu umfangreich:** Gibt die Lehrkraft zu viele Hausaufgaben auf, sind besonders langsam und sorgfältig arbeitende Kinder überfordert. Es ist schwierig, anzufangen und dranzubleiben, wenn das Ende nicht in Sicht ist.
- **Die Hausaufgaben sind zu schwierig:** Sind die Aufgaben zu schwierig, kann die Hausaufgabensituation nicht gelingen. Es ist nachvollziehbar, dass Kinder sich der drohenden Überforderung nicht stellen möchten und dann vielleicht die Hausaufgaben vor sich herschieben.
- **Die Hausaufgaben sind nicht motivierend:** Eintönige, anstrengende Hausaufgaben und Aufgaben ohne erkennbaren Sinn werden nicht gerne bearbeitet. Auch unklar gestellte Aufgaben schwächen die Motivation.
- **Die Hausaufgaben werden nicht kontrolliert und angesehen:** Werden Hausaufgaben nicht kontrolliert und anerkannt, dann gibt es aus der Sicht vieler Schülerinnen und Schüler keinen Grund, sich anzustrengen bzw. die Aufgaben überhaupt anzufertigen.

Warum ist die Hausaufgabensituation oft so schwierig? 99

- **Das Kind ist müde:** Manche Kinder erleben Schule als anstrengend, vor allem dann, wenn sie einen langen Schulweg haben und spät nach Hause kommen. Viele Kinder schlafen aber auch schlicht zu wenig.
- **Das Kind hat keine Lust:** Hinter fehlender Motivation können wiederum viele verschiedene Gründe stehen. Möglich ist beispielsweise, dass das Kind keine gute Beziehung zur Lehrkraft hat oder sich allgemein für schulische Inhalte wenig interessiert.
- **Dem Kind fällt das Stillsitzen schwer:** Vor allem dann, wenn am Schulvormittag wenig Möglichkeiten zur Bewegung bestehen, fällt es manchen Kindern schwer, sich am Nachmittag ein weiteres Mal zum Arbeiten an einen Tisch zu setzen.
- **Dem Kind fällt das Schreiben im Heft schwer:** Während manche Kinder am Schulanfang auf viele selbst gemalte Bilder und erste Briefe zurückblicken können, haben andere wenig Übung mit Stift und Papier. Sie halten den Stift beim Schreiben verkrampft und erscheinen sehr angestrengt.
- **Dem Kind fehlen Fähigkeiten der Selbstorganisation:** Manchmal leben besonders junge Kinder einfach in den Tag hinein und haben es noch nicht gelernt, sich die Zeit einzuteilen und mit einer Arbeit zu einer sinnvollen Zeit zu beginnen.
- **Das Kind lässt sich leicht ablenken:** Manchen Kindern fällt es schwer, bei einer unliebsamen Sache zu bleiben. Sie lassen sich leicht ablenken: besonders vom Smartphone, dem Haustier, von Spielen oder Musik.
- **Das Kind stellt hohe Ansprüche an sich selbst:** Manche Kinder entwickeln schon früh hohe Ansprüche an sich selbst und möchten möglichst jede Aufgabe perfekt erledigen. Wenn sie mit ihrem Arbeitsergebnis nicht zufrieden sind, kann es schwierig werden.
- **Das Kind hat große Lern- oder Verhaltensschwierigkeiten:** Kinder mit Lese-Rechtschreib-Schwierigkeiten, einer AD(H)S-Diagnose oder anderen Problemen haben teilweise enorme

Schwierigkeiten in der Hausaufgabensituation (vgl. Kapitel »Lernprobleme«).

Wie kann ich mit diesen Schwierigkeiten umgehen?

In vielen Fällen wird es vornehmlich darum gehen, dass Sie Verständnis für Ihr Kind entwickeln. Wenn es vom Schulvormittag erschöpft ist oder einen hohen Bewegungsdrang verspürt und sich dann wenig motivierenden Hausaufgaben gegenübersieht: Wer kann da begeistertes Arbeiten erwarten? Erscheinen Ihnen die Hausaufgaben zu umfangreich oder zu schwierig, so ist ein Gespräch mit der Lehrkraft notwendig. Diese kann auch geeignete Lockerungsübungen für verkrampfte Schreibhände vorschlagen.

Manchmal hilft auch eine Änderung im Tagesablauf: Vielleicht ist es sinnvoll, wenn Sie nach dem Mittagessen eine Pause von 30 bis 60 Minuten einschieben und sich, sofern möglich, hier auch Zeit für Ihr Kind nehmen. Hilfreich kann es aber auch sein, wenn Ihr Kind abends schlicht früher zu Bett geht. Nicht zuletzt können Sie überlegen, wie mehr körperliche Aktivität in das Leben Ihres Kindes kommt. Weitere Überlegungen, insbesondere zur elterlichen Hilfe, finden sich im nachfolgenden Kapitel:

Wie kann ich bei den Hausaufgaben unterstützen?

Fast alle Eltern von Grundschulkindern, so zeigen mehrere Untersuchungen, kontrollieren die Hausaufgaben ihrer Kinder (zum Beispiel Killus & Paseka, 2014). Sie halten es für ihre Pflicht, nach den

Aufgaben zu sehen, und helfen, wenn sie Lernschwierigkeiten bemerken. Dies gilt unabhängig von der Frage, ob die Eltern berufstätig sind oder nicht. Vollzeitbeschäftigte Eltern kümmern sich sogar noch mehr um die Hausaufgaben als teilzeitbeschäftigte Eltern. Doch ist es überhaupt sinnvoll, wenn sich Eltern hier engagieren? Anders gefragt:

Welche Nachteile hat meine Hilfe bei den Hausaufgaben?

Es erscheint einfach: Wenn Sie etwas Unverstandenes erklären, kann Ihr Kind etwas lernen. Wenn Sie auf einen Fehler hinweisen, macht Ihr Kind einen Schritt nach vorne. Doch ist es immer so? Hilft Ihre Hilfe immer? Im Folgenden werden erst einmal mögliche Nachteile elterlicher Hilfe benannt:

- Die Lehrkraft weiß nicht, ob Ihr Kind Schwierigkeiten mit den Aufgaben hatte. Sie geht dann unter Umständen von falschen Voraussetzungen aus.
- Zu viel Hilfe verunmöglicht Ihrem Kind die wichtige Erfahrung, selbst Schwierigkeiten bewältigt zu haben.
- Ihr Kind muss in der Schule nicht aufpassen, wenn es zu Hause die Aufgaben nochmals erklärt bekommt.
- Ihr Kind kann nicht stolz auf seine Aufgaben sein, wenn Sie einen großen Teil übernommen haben.
- Vielleicht erlebt Ihr Kind Ihre Hilfe auch als mangelndes Zutrauen und Vertrauen es alleine nicht gut genug zu können.
- Ihre Hilfe könnte also Eigenverantwortung und Selbstständigkeit schwächen.
- Da Sie weder die Methoden noch die Anforderungen der Schule kennen, können Sie nicht unbedingt adäquat helfen.
- Eventuell kommt es zu Auseinandersetzungen zwischen Ihnen und Ihrem Kind und Ihre Beziehung wird belastet.

Und schließlich ist auf folgende Tatsache hinzuweisen (siehe zum Beispiel Schnyder Godel, 2015; vgl. Kohler, 2017):

> Untersuchungen zeigen, dass ein Zuviel an elterlicher Hilfe und Kontrolle die Leistungsentwicklung verschlechtert.

Alle diese Ausführungen bedeuten nicht, dass Sie auf keinen Fall helfen sollten. Sie machen aber deutlich, dass ein Zuviel an Hilfe ungünstig ist. Einmischung schadet. Auch grundlose Hilfe und Kontrolle aus dem gut gemeinten Wunsch heraus, nichts zu versäumen, wirken ungünstig. Sie müssen lernen loszulassen und Ihrem Kind die Verantwortung zu übergeben.

Unterstützung bei den Hausaufgaben kann beispielsweise dann sinnvoll sein, wenn Ihr Kind krank war, einen Schulwechsel hinter sich oder Schwierigkeiten mit einem bestimmten Thema hat. Bei einer Hausaufgabe, die sich über einen längeren Zeitraum erstreckt (zum Beispiel Wachstum einer Pflanze oder Temperaturen im Wochenverlauf protokollieren), können Sie eine Erinnerungshilfe geben. Und selbstverständlich dürfen Sie auf Fragen Ihres Kindes bei den Hausaufgaben auch Antworten geben. Letztlich muss das Ziel der Hilfe aber immer sein, dass sie möglichst bald wieder überflüssig wird.

Wie kann ich sinnvoll helfen?

- Helfen Sie Ihrem Kind so wenig wie möglich. Oft genügt es schon, wenn Sie anbieten, auf Wunsch die erledigten Hausaufgaben durchzusehen, oder wenn Sie Ihr Kind die vermeintlich schwierige Aufgabe in eigene Worte fassen lassen.
- Versuchen Sie möglichst genau herauszufinden, an welcher Stelle Ihr Kind ein Problem hat. Erklären Sie nicht einfach alles, sondern nur jenen Punkt, der Schwierigkeiten macht.

- Denken Sie sich in die Methode Ihres Kindes hinein. Es ist wenig hilfreich, wenn Sie Ihrem Kind zusätzlich Ihre eigene Methode beizubringen versuchen.
- Sprechen Sie wenig, damit Ihr Kind ausreichend Gelegenheit zum Nachdenken erhält.
- Schreiben und radieren Sie nicht im Heft Ihres Kindes.
- Bleiben Sie höflich und sachlich. Wenn Ihnen oder auch Ihrem Kind dies nicht (mehr) gelingen sollte, dann ist es besser, die Unterstützung zu beenden.
- Macht Ihr Kind einen Fehler, so weisen Sie ohne viel Aufhebens und freundlich darauf hin.
- Loben Sie gelungene Schritte und erkennen Sie die bereits geleistete Arbeit an.
- Sind die Aufgaben zu schwierig oder zu umfangreich, so schreiben Sie – sofern Ihr Kind einverstanden ist – eine kleine Notiz an die Lehrkraft und lassen Sie Ihr Kind ohne vollständige Hausaufgaben in die Schule gehen.
- Geben Sie keine Zusatzaufgaben – es sei denn, Ihr Kind bittet Sie darum oder kann Ihren Aufgabenvorschlägen leicht etwas abgewinnen. Wenn die Hausaufgaben bewältigt sind, dann sollte Ihr Kind auch tatsächlich aufhören dürfen.

Was bedeutet es, so wenig wie möglich zu helfen?

Die Aufforderung, so wenig wie möglich zu helfen, klingt einsichtig. Kaum jemand würde hier widersprechen. Gerne wird in diesem Zusammenhang auch auf die schöne Formulierung Maria Montessoris verwiesen: »Hilf mir, es selbst zu tun!« Doch was bedeutet die Aufforderung, so wenig wie möglich zu helfen, im konkreten Fall? Bis zu welchem Ausmaß ist eine Hilfe noch »gering«? Anders gefragt: Ab wann übersteigt Ihre Hilfe ein zuträgliches Maß?

Dazu können Sie sich folgende Fragen stellen: Wer wünscht die Hilfe? Wer beendet sie? Ist es das Kind oder bin ich es? Es ist wichtig, dass die Verantwortung für die Qualität der Lösung beim Kind bleibt und nicht der Maßstab der Eltern gilt.

Hausaufgaben sind Sache des Kindes!

Die Tatsache, dass Hausaufgaben in der Verantwortung Ihres Kindes liegen, bedeutet auch, dass es völlig in Ordnung ist, wenn Ihr Kind sich vom ersten Schultag an alleine um seine Hausaufgaben kümmert. Es besteht zunächst einmal keinerlei Notwendigkeit, sich als Eltern hier einzumischen. Erst dann, wenn sich Schwierigkeiten in der Schule zeigen sollten, ist ein Umdenken erforderlich. Ansonsten können Sie sich freuen, wenn Ihr Kind in schulischen Dingen so früh Selbstständigkeit zeigt.

Zu der Erkenntnis gehört auch die Einsicht, dass das Kind selbst darüber bestimmen kann, wann die Aufgaben gut genug bearbeitet sind. Selbstverständlich können Sie Ihre eventuelle Unzufriedenheit Ihrem Kind mitteilen, doch bleibt es immer seine Entscheidung, wie es mit Ihrer Kritik oder Ihren Vorschlägen umgeht.

Sie stehen hier ansonsten auch auf verlorenem Posten: Kinder akzeptieren in aller Regel problemlos die Anforderungen und Maßstäbe der Schule, die ja auch die Aufgaben stellt und einfordert. Sie akzeptieren aber fast nie die Vorstellungen der Eltern, die es vielleicht gerne schöner, sorgfältiger, bunter oder ausführlicher hätten. Versuchen Sie hier Ihre Maßstäbe durchzusetzen, indem Sie beispielsweise eine wenig gelungen erscheinende Seite aus dem Heft herausreißen und nochmaliges Schreiben verlangen, so wird dieses Verhalten fast immer als übergriffig erlebt. Wird Ihr Kind älter, dann beugt es einer solchen Situation womöglich vor, indem es zu Hause vorgibt, nichts aufzuhaben.

Ist es sinnvoll, wenn ich mich neben mein Kind setze?

Manche Eltern setzen sich neben ihr Kind, um ihm nahe zu sein, es anzuspornen und keine Fehler einschleifen zu lassen. Das klingt einleuchtend und ist gut meint. Doch ist es auch sinnvoll?

Von einigen wenigen Ausnahmen abgesehen ist es das sicher nicht: Die Hausaufgabensituation ist nicht dazu geeignet, um Nähe und Verbundenheit zu zeigen und zu erleben. Ein Kind, das sich der Liebe und Zuwendung seiner Eltern sicher ist, kann in einer zeitlich begrenzten Lernsituation gut auf deren unmittelbare Nähe verzichten. Vielmehr sollte es diese Aufgabe möglichst alleine in die Hand nehmen und gestalten, ohne sich mit der Frage der Eltern-Kind-Beziehung befassen zu müssen.

Wenn Sie anfangen, Ihr Kind in der Hausaufgabensituation kleinschrittig anzuspornen, besteht die Gefahr, dass es irgendwann ohne diesen Ansporn nicht mehr geht. Manche Kinder fordern dann bei den Hausaufgaben die ungeteilte Aufmerksamkeit der Eltern und hören sofort mit Arbeiten auf, wenn sich diese dem Geschwisterkind zuwenden oder ein Telefonat entgegennehmen. Tatsächlich gibt es Eltern, die noch in der siebten Klasse täglich mehrere Stunden neben ihrem Kind sitzen und fest davon überzeugt sind, dass ihr Kind ohne sie nicht arbeiten kann. Dabei muss es in der Schule und dort erst recht bei Klassenarbeiten auch alleine zurechtkommen.

Die Möglichkeit, dass sich Fehler einschleichen und einschleifen, besteht ohne Zweifel. Dennoch ist es keine gute Idee, wenn Sie durch permanente elterliche Anwesenheit möglichen Fehlern des Kindes vorbeugen. Es besteht die Gefahr, dass sich Ihr Kind in hohem Maße von Ihnen abhängig macht und sein Lernen nicht mehr selbst gründlich überwacht. Auch erfährt es durch Ihre permanente Kontrolle, dass ihm das alleinige Bewältigen seiner Aufgaben offensichtlich nicht zugetraut wird.

Ihr Kind kann es lernen, bei Schwierigkeiten zu Ihnen zu kommen. Tatsächlich kann schon ein scheinbar kleiner Unterschied viel bewirken: Wenn bei Unklarheiten und Fragen nicht mehr Sie zu Ihrem Kind eilen, sondern umgekehrt Ihr Kind bei Schwierigkeiten aufstehen und Sie aufsuchen muss, dann reduzieren sich Nachfragen schnell.

Wie kann ich mein Kind motivieren?

Die Beantwortung der Frage, wie Sie Ihr Kind zu seinen Hausaufgaben motivieren können, ist schwierig. Es gibt keine Zauberformel dazu. Manche Hausaufgaben sind in der Tat wenig anregend, sondern eintönig und anstrengend. Wer versucht, einem Kind mit feinmotorischen Schwierigkeiten einzureden, es mache Spaß, Buchstaben in Linien zu schreiben, wird kaum ernst genommen werden bzw. zeigt, dass er sich in sein Kind nicht einfühlen kann. In einem solchen Fall ist es klüger zu akzeptieren, dass das Kind nicht motiviert ist. Dann können Sie aufzeigen, dass es im Leben häufig eine gute Strategie ist, unliebsame Aufgaben zügig wegzuarbeiten, um frei für andere Dinge zu sein.

Fehlende Motivation kann ganz unterschiedlich begründet sein und benötigt daher verschiedene Herangehensweisen. Langfristig gesehen geht es darum, dass Sie Ihrem Kind vermitteln, wie wichtig die Schule ist: Sie ermöglicht ihm, sich weiterzuentwickeln, und verhilft zur Teilhabe am gesellschaftlichen Leben. Es muss Ihrem Kind klar sein, dass es weder für die Lehrkräfte noch für Sie, sondern immer für sich selbst lernt. Dabei geht es nicht um äußerliche Lernerfolge in Form von Noten, sondern darum, selbst weiterzukommen und die Dinge des Lebens zu durchdringen. Langfristig gesehen ist eine solche Haltung entscheidend.

Eltern mit Grundschulkindern benötigen aber auch kurzfristig hilfreiche Strategien, beispielsweise dann, wenn das Kind den Beginn der Arbeit an den Hausaufgaben immer wieder aufs Neue hinauszögert. Um solche Schwierigkeiten soll es im Folgenden gehen:

Wie kann ich mein Kind darin unterstützen, zügig mit den Hausaufgaben zu beginnen?

Wie bei vielen Schwierigkeiten empfiehlt es sich auch hier, zunächst einmal in Ruhe und ohne Handlungsdruck mit dem Kind über das Thema zu sprechen. Es ist entscheidend, ob es selbst unter der Situation leidet oder nicht. Vielleicht hat es auch schon eine Idee, wie es das Problem selbst lösen kann. Im Gespräch können Sie dann beispielsweise folgende Möglichkeiten vorschlagen:

- Möglichst jeden Tag zur gleichen Zeit mit den Hausaufgaben beginnen und sich so an eine bestimmte Zeit gewöhnen.
- Beim Mittagessen gemeinsam eine Anfangszeit verabreden und dann einen Wecker entsprechend stellen.
- Bewusst eine Pause nach dem Mittagessen einplanen und danach zügig beginnen.
- Gemeinsam verabreden, wie oft Sie an die Aufgaben erinnern sollen.
- Eine gemeinsame Aktivität in Aussicht stellen, wenn die Hausaufgaben zu einem bestimmten Zeitpunkt begonnen wurden.

Entscheidend für das Gelingen ist, dass Sie die gemeinsamen Absprachen auch selbst einhalten. Wird zum Beispiel verabredet, dass Sie bis zu dreimal an den Beginn der Hausaufgaben zu einer bestimmten Uhrzeit erinnern, dann dürfen Sie kein viertes Mal darauf hinweisen. Ihr Kind merkt es sofort, ob Sie es ernst meinen oder ob Absprachen nach Belieben verändert werden können. Anders gesagt: Sie sollten nur Aktivitäten oder Konsequenzen ankündigen, die Sie dann auch einhalten. Wenn Sie selbst nicht verlässlich sind, können Sie auch von Ihren Kindern keine Verlässlichkeit erwarten.

Wie kann ich mein Kind darin unterstützen, die Hausaufgaben zügig zu erledigen?

Vielleicht hat auch Ihr Kind Schwierigkeiten damit, die Hausaufgaben zügig anzufertigen. Im Folgenden werden einige Handlungsmöglichkeiten vorgestellt:

- Räumen Sie Ablenkungen vom Tisch und aus dem Sichtfeld, schalten Sie die Musik im Hintergrund aus und lenken Sie Ihr Kind nicht selbst durch Fragen und anderes ab.
- Lassen Sie jüngere Geschwister in dieser Zeit wenn möglich auch etwas alleine tun.
- Legen Sie gemeinsam die Reihenfolge der Aufgaben fest.
- Lassen Sie Ihr Kind überlegen, wie lange es heute für die einzelnen Hausaufgaben brauchen wird bzw. brauchen möchte.
- Planen Sie eventuell eine kurze Pause ein.
- Stellen Sie eine gemeinsame Aktivität in Aussicht, wenn die Hausaufgaben zum verabredeten Zeitpunkt fertig werden.
- Stellen Sie eine Uhr auf den Tisch, damit Ihr Kind ein Zeitgefühl entwickeln kann.
- Lassen Sie Ihr Kind neben jeder Aufgabe die Uhrzeit bzw. die benötigte Zeit notieren.
- Besprechen Sie kurz, worauf das Kind bei den Hausaufgaben achten möchte.
- Bitten Sie Ihr Kind, erst einmal zu versuchen, seine Aufgaben selbstständig zu erledigen.
- Helfen Sie so wenig wie möglich.
- Lassen Sie sich nicht in Nebengespräche verwickeln.
- Geben Sie die emotionale Zuwendung, die Ihr Kind vielleicht

sucht, vor und nach – aber nicht während – der Hausaufgabenzeit.
- Vergleichen Sie am Ende gemeinsam die benötigten mit den zuvor bestimmten Arbeitszeiten pro Aufgabe oder Fach.
- Lassen Sie eventuell Anfangs- und Endzeiten in einen Kalender oder eine Tabelle eintragen, um einen Überblick zu bekommen und Veränderungen zu erkennen.
- Lassen Sie Ihr Kind das eigene Arbeitsverhalten beschreiben und einschätzen.
- Kommentieren Sie eventuelles Nichtstun und Trödeln nicht oder allenfalls (mit einem Augenzwinkern?) am Ende der Hausaufgaben.

Zehn Minuten oder zwei Stunden: Was ist noch in Ordnung?

Wie Studien zeigen, unterscheiden sich die Hausaufgabenzeiten von Schülerinnen und Schülern enorm (vgl. zum Beispiel Wagner, 2005). Manche Grundschulkinder können alle Aufgaben schon in der Schule erledigen, andere sitzen täglich stundenlang an ihren Aufgaben. Eltern stellen sich die Frage: Was ist noch in Ordnung, was ist noch »normal«?

Mit Blick auf die bisherigen Ausführungen können Sie sich mit Ihrem Kind freuen und glücklich schätzen, wenn es kaum Hausaufgaben zu bearbeiten hat. Es kann die Nachmittage unbelastet genießen und sich viel eher auf den Schulmorgen freuen. Eine Schweizer Studie konnte zeigen, dass Grundschulkinder mit weniger bzw. ohne Hausaufgaben freudiger und motivierter in die Schule gehen als Kinder mit mehr Hausaufgaben (Hascher & Bischof, 2000). Sehr hilfreich ist es auch, wenn die Lehrkraft verschiedenen Kindern unterschiedliche oder unterschiedlich viele Hausaufgaben stellt, sodass niemand über Gebühr belastet wird.

Es gibt Kinder, die von Anfang an sehr ökonomisch arbeiten und insbesondere auf Mal- und Formulierungsaufgaben wenig Zeit verwenden. Lautet beispielsweise in Mathematik bei der Zahl Acht die Hausaufgabe, es sollten in vorgegebene Kreise jeweils acht Tiere gezeichnet werden, so liegt es am Kind zu entscheiden, ob es lieber acht Löwen, Giraffen und Elefanten oder lieber acht Fische, Regenwürmer und Schlangen zeichnet.

Der Vorstellung, das Kind habe später vielleicht Probleme, wenn es in der Grundschule kaum Hausaufgaben zu bearbeiten hat, kann ebenfalls entgegengetreten werden. Schließlich gibt es bislang keinen überzeugenden Nachweis dafür, dass Kinder mit Hausaufgaben über bessere Fähigkeiten in der Selbstorganisation oder im Zeitmanagement verfügen als Kinder ohne Hausaufgaben. Auch ist die Idee, späteren etwaigen Schwierigkeiten (zum Beispiel in der Sekundarstufe) könne mit frühen Schwierigkeiten (in der Grundschule) vorgebeugt werden, wenig überzeugend.

Wirklich problematisch ist dagegen das andere Extrem, nämlich eine überlange Hausaufgabenzeit.

Wie lange soll mein Kind höchstens an seinen Hausaufgaben arbeiten?

Früher gab es in allen Bundesländern Erlasse zu den maximalen Hausaufgabenzeiten, um Kinder und Jugendliche vor Überlastungen zu schützen. Inzwischen gibt es solche Erlasse nur noch in manchen Bundesländern, während in anderen die Einzelschulen über die Hausaufgabenzeiten befinden. Die nachfolgende Übersicht zeigt, welche Obergrenzen heute in Deutschland in den verschiedenen Bundesländern und Schulen gelten:

Zehn Minuten oder zwei Stunden: Was ist noch in Ordnung?

Klasse	Maximale tägliche Hausaufgabenzeit
1	0 bis 60 Minuten
2	30 bis 60 Minuten
3	45 bis 60 Minuten
4	45 bis 60 Minuten

Benötigt ein Kind häufig mehr als eine Stunde pro Tag für seine Hausaufgaben, dann ist es wichtig, nach den Ursachen zu suchen:
- Gibt die Lehrkraft zu viele Hausaufgaben?
- Sind die Aufgaben zu schwierig?
- Hat mein Kind besondere Lernschwierigkeiten?
- Stellt mein Kind zu hohe Ansprüche an sich selbst?
- Hat es Angst vor der Kontrolle durch die Lehrkraft?
- Stelle ich zu hohe Ansprüche an mein Kind?
- Hat mein Kind keine Lust und arbeitet wenig zielstrebig?
- Fehlt es meinem Kind an Konzentration?

»Bei dieser Lehrerin hat mein Kind Panik geschoben. Jeden Morgen vor der Schule. Und jeden Abend vor dem Schlafen, zwei Jahre lang. Das hatte schon etwas Zwanghaftes: X-mal hat er den Schulranzen kontrolliert, ob er ja nichts vergessen hat und sicher alle Hausaufgaben gemacht hat. Ständig hatte er Bauchschmerzen. Schrecklich, wirklich schrecklich ... kann man sich wahrscheinlich kaum vorstellen: Ein Sechsjähriger, der Panik schiebt, weil er Angst hat, er könnte was vergessen.« (Frau T., Mutter eines 9-jährigen Sohnes)

Gibt die Lehrkraft zu viele oder zu schwierige Hausaufgaben, sollten Sie einen Gesprächstermin vereinbaren. Manchen Lehrerinnen und Lehrern ist gar nicht klar, dass sie mit ihrer Hausaufgabenmenge die Kinder überfordern. Dies gilt besonders dann, wenn mehrere Lehrkräfte in der Klasse unterrichten und so an manchen Tagen mehrere Hausaufgaben zu erledigen sind.

Die Frage der mangelnden Konzentration, die häufig im Wesentlichen eine Frage der Motivation ist, wird in diesem Buch mehrfach aufgegriffen. Dabei lohnt es sich, einmal die Perspektive zu überdenken: Oft leiden nur die Eltern, nicht aber die Kinder unter ihrem Arbeitsverhalten. Es gibt viele Erst- und Zweitklässler, die noch wenig Zeitgefühl entwickelt und kein Problem damit haben, zwei Stunden am Tisch zu sitzen und sich abwechselnd mit ihren Aufgaben und anderen Dingen zu befassen. Am Ende haben sie ihre Aufgaben korrekt erledigt und außerdem gespielt. Warum sollen sie etwas ändern, wenn sie gar keinen Änderungsbedarf sehen?

In einem solchen Fall ist es für Eltern schwer, eine Veränderung zu erreichen. Viel eher muss es hier darum gehen, immer wieder über das Arbeitsverhalten zu sprechen und zu überlegen, ob es noch zufriedenstellt. Auch können Sie hin und wieder einen Anreiz setzen und eine gemeinsame Aktivität in Aussicht stellen, wenn Ihr Kind bis zu einem bestimmten Zeitpunkt mit seinen Aufgaben fertig geworden ist. Manchmal hilft auch eine Verabredung mit Freunden oder das Klingeln der Nachbarskinder, damit das Kind zügiger arbeitet.

Ist die überlange Arbeitszeit eingebunden in elterliche Hilfe und Unterstützung, so wird es darum gehen, sich mit den eigenen Ansprüchen und zusätzlichen Erläuterungen zurückzuhalten. Darüber hinaus stellt sich die Frage, ob Ihr Kind Sie mit der langen Arbeitszeit auch an sich binden möchte. Vielleicht hat es ja die Erfahrung gemacht, dass Sie sich vornehmlich dann Zeit nehmen, wenn es um schulische Dinge geht. Gerade im Falle von Geschwisterkindern kann es aus kindlicher Sicht eine gute Strategie sein, sich die knappe elterliche Aufmerksamkeit über schulische Fragen zu sichern. Manchmal üben die Kinder auch ein Stück weit Macht über ihre Eltern aus, die eigentlich gerne etwas anderes erledigen möchten, sich aber während der Hausaufgaben nicht aus dem Haus wagen.

Sie können in einem solchen Fall in aller Ruhe mit Ihrem Kind darüber sprechen und sich vor und nach den Hausaufgaben bewusst Zeit für es nehmen. Am Schulanfang kann eine Möglichkeit auch darin bestehen, dass Sie Ihrem Kind anbieten, seine Hausarbeiten nach selbstständiger Anfertigung gemeinsam durchzusehen. Grundsätzlich gilt: Jedes Verhalten hat seinen Grund. Wenn Ihr Kind um Aufmerksamkeit kämpft, geben Sie ihm diese an anderer Stelle.

Das Wichtigste in Kürze

Hausaufgaben sind weitverbreitet. Dabei zeigen Studien, dass Hausaufgaben in der Grundschule nahezu bedeutungslos für den fachlichen Lernerfolg sind. Ebenso gibt es keinen Nachweis, dass Hausaufgaben die Selbstständigkeit oder das Zeitmanagement fördern.

Gleichzeitig sind Hausaufgaben in vielen Familien ein Problem. Manche Kinder arbeiten stundenlang, sind überfordert, weinen und wollen nicht mehr. Oft wissen auch ihre Eltern nicht mehr weiter, dabei wollen sie doch helfen – nur wie?

Wichtig ist es, die möglichen Ursachen der Hausaufgabenprobleme zu ergründen: Sind die Hausaufgaben zu umfangreich? Wurden die Aufgaben unzureichend erklärt? Oder hat Ihr Kind sie nicht notiert? Hat es keine Lust, ist es müde oder lässt es sich leicht ablenken? Sind Ihre Ansprüche zu hoch?

Helfen Sie Ihrem Kind so wenig wie möglich. Hausaufgaben sind Sache Ihres Kindes. Sie können gelassen bleiben, weil Sie wissen, dass Hausaufgaben für den Schulerfolg wenig bedeutsam sind.

Hilfreich kann es sein, wenn Sie in Ruhe mit Ihrem Kind die Hausaufgabensituation besprechen und gemeinsam mit ihm überlegen, was es besser machen kann. Sie können zum

114 Hausaufgaben: Lernchance oder Hausfriedensbruch?

Beispiel Hilfe auf Nachfrage anbieten und die Hausaufgabensituation so gestalten, dass sie leichter gelingt. Dazu gehört auch, eine geeignete Zeit zu bestimmen und Ablenkungen zu verringern. Im Falle zu umfangreicher oder zu schwieriger Hausaufgaben sprechen Sie mit der Lehrkraft und schützen Sie Ihr Kind vor Überforderung. Wenn Sie Ihr Kind unterstützen möchten, so geben Sie kleine Hinweise, lösen einen Irrtum auf oder erinnern an früher gelöste Aufgaben. Erledigen Sie aber nicht einfach die Arbeiten Ihres Kindes.

Wie die Großen: Buchvorstellung und Präsentation

Während viele Erwachsene in ihrer Schulzeit kaum einmal vor der Klasse standen und etwas vorstellen mussten, üben sich Kinder heute schon früh darin, etwas zu präsentieren. Sie stellen beispielsweise ein Kinderbuch, ihr Hobby, ein Tier oder ein städtisches Gebäude vor. Häufig findet die Vorbereitung für den kleinen Vortrag zu Hause statt und Sie sehen sich mit der Frage konfrontiert, wie Sie sich dazu verhalten sollen.

Welche Erwartungen hat die Schule an mein Kind?

Gewiss unterscheiden sich die Erwartungen der Schule in Abhängigkeit von Fach, Klassenstufe und Lehrkraft. Geübte Kinder in der vierten Klasse können teilweise schon sehr klar, umfassend und adressatengerecht präsentieren, während Schulanfänger vielleicht noch Schwierigkeiten damit haben, laut genug und mehrere Minuten am Stück zu sprechen.

Sicher ist, dass insbesondere in Grundschulen das Ziel nicht darin besteht, eine möglichst perfekte Präsentation abzuliefern:

> Bei Präsentationen geht es nicht um das schöne, beeindruckende Produkt, sondern um den Lernprozess beim Kind.

Die Aufgabe, eine Präsentation zu erarbeiten und vorzutragen, stellt eine Lernchance dar. Sie ist sehr anspruchsvoll und muss über viele Schuljahre geübt werden. Wichtig sind die eigenständige Auseinandersetzung mit der Sache und die Entwicklung der Fähigkeit, eigene Überlegungen auf den Punkt zu bringen. Ihr Kind kann sich beim Vorbereiten seiner ersten kleinen Vorträge darin üben, ein Gesamtthema zu durchdringen, zu gliedern und einzelne Gliederungspunkte in eine sinnvolle Reihenfolge zu bringen. In der Schule kann es dann in die Lehrerrolle schlüpfen und sich vor der Klasse erproben. Es lernt, deutlich und laut zu sprechen, Blickkontakt mit den Zuhörenden aufzunehmen sowie auf Fragen einzugehen. Mit zunehmendem Alter kann es sich auch schon im Vorfeld überlegen, was seine Zuhörerschaft vermutlich besonders interessiert.

Es ist wichtig, dass Sie sich zurückhalten, auch und gerade dann, wenn es Noten für Buchvorstellungen und Präsentationen gibt. Sie sollten also nicht der Versuchung erliegen, zu steuern oder gar ungefragt viel zu schwierige Texte aus dem Internet herunterzuladen. Nicht selten erstellen Eltern ihren Kindern Präsentationen mithilfe eines Präsentationsprogramms wie PowerPoint und bauen hier noch Effekte ein, die ihnen selbst gefallen. Erhält das Kind dann nicht die erwartete Eins, weil es vielleicht die Fragen im Anschluss nicht beantworten konnte oder alle Texte abgelesen hat, sind die Eltern oftmals verärgert, weil sie sich schlecht benotet fühlen. Dabei übersehen sie leicht eines: Stolz kann das Kind nur auf eine eigene Leistung sein.

In der Regel erhalten die Kinder Hinweise von der Lehrkraft, worauf sie bei ihrer Buchvorstellung oder anderen Präsentationen achten sollen. Diese Anhaltspunkte werden im Idealfall von Klassenstufe zu Klassenstufe umfassender und anspruchsvoller. Es ist gut, wenn sich Ihr Kind an diesen Hinweisen und Ansprüchen orientiert – und nicht an Ihren Vorstellungen und Ideen.

Wie kann ich meinem Kind beim Vorbereiten helfen?

Eigentlich sollten Sie Ihrem Kind beim Vorbereiten von Buchvorstellungen und Präsentationen nicht helfen müssen. Schließlich ist es die Aufgabe der Lehrkraft, gemeinsam mit den Kindern die einzelnen Schritte, etwa beim Recherchieren und Gliedern, zu besprechen und Kriterien zu definieren: Wie lange soll die Präsentation dauern? Soll ein Gegenstand oder Bild gezeigt werden? Ist es wichtig, die eigene Meinung zu äußern?

Wenn Sie sich also klargemacht haben, dass es darum geht, das Erstellen von Präsentationen zu üben und aus den eigenen Fehlern und Erfolgen für spätere Vorstellungen und Vorträge zu lernen, dann können Sie sich leichter zurücknehmen. Es gelingt Ihnen dann eher, Ihr Kind mit einem nicht perfekten Ergebnis in die Schule gehen zu lassen. Vielleicht ist Ihr Kind dennoch beim ersten Mal oder auch noch in der gesamten Grundschulzeit von der Komplexität der Aufgabe überfordert. Dies ist vor allem dann zu erwarten, wenn die Lehrkraft wenig anleitet und die Anforderung einfach nach Hause abgibt.

Lehrerinnen und Lehrer äußern zwar auf Nachfragen am Elternabend fast durchweg, die Kinder sollten ihre Präsentationen selbstständig machen. Gleichzeitig fügen sie oft an, es dürfe natürlich »in einem gewissen Rahmen« unterstützt werden. Manche fordern die Eltern auch direkt auf, Buchvorstellungen zu Hause zu üben, »weil sie für so etwas in der Schule keine Zeit haben«.

Die Widersprüchlichkeit schulischer Botschaften an Elternabenden (»Lassen Sie Ihr Kind selbstständig arbeiten!« – »Kontrollieren Sie regelmäßig, ob Ihr Kind seine Aufgaben macht!«) ist allgemein für Eltern schwierig: Was sollen Sie sich nun zu Herzen nehmen?

Wie kann ich mein Kind beim Erstellen einer Präsentation unterstützen?

Nahezu immer hilfreich für Ihr Kind sind Gespräche mit anderen und so auch mit Ihnen über das Thema der Präsentation. Ein solches Gespräch muss noch keine bestimmte Richtung haben. In seinem Verlauf kann Ihrem Kind deutlich werden, aus welchen Unterpunkten sich sein Gegenstand zusammensetzt, an welchen Stellen ihm vielleicht noch Wissen fehlt und was für Zuhörerinnen und Zuhörer besonders spannend sein könnte. Je mehr Ihr Kind über sein Thema weiß, desto eher werden Sie zu einem staunenden Publikum. Sie können neugierig darauf sein, was Ihr Kind noch alles herausfinden wird.

Soll Ihr Kind seine erste Buchvorstellung machen und hat es in der Schule keinerlei Hilfen bekommen, so können Sie Ihrem Kind auch ein paar wenige Gliederungspunkte benennen, die es dann nach und nach abarbeiten kann. Diese können zum Beispiel wie folgt lauten:

- Wie lautet der Titel des Buches?
- Wer hat das Buch geschrieben?
- In welchem Verlag ist das Buch erschienen?
- Wie viele Seiten hat es?
- Um was geht es in dem Buch?
- Welche Stelle möchte ich daraus vorlesen?
- Warum habe ich das Buch ausgewählt?
- Kann ich das Buch weiterempfehlen?

Soll Ihr Kind eine Präsentation zu einem Tier, Beruf, Gebäude oder zu einem anderen Thema erstellen, so gibt es keine allgemein einsetzbaren Fragen wie bei einer Buchpräsentation. Stattdessen kann Ihr Kind auf einem DIN-A3-Papier eine Mindmap erstellen, auf der es alles notiert, was ihm zum Thema einfällt. Im Anschluss können dann die einzelnen Punkte in eine geeignete Reihenfolge gebracht werden.

Wie kann ich meinem Kind beim Vorbereiten helfen?

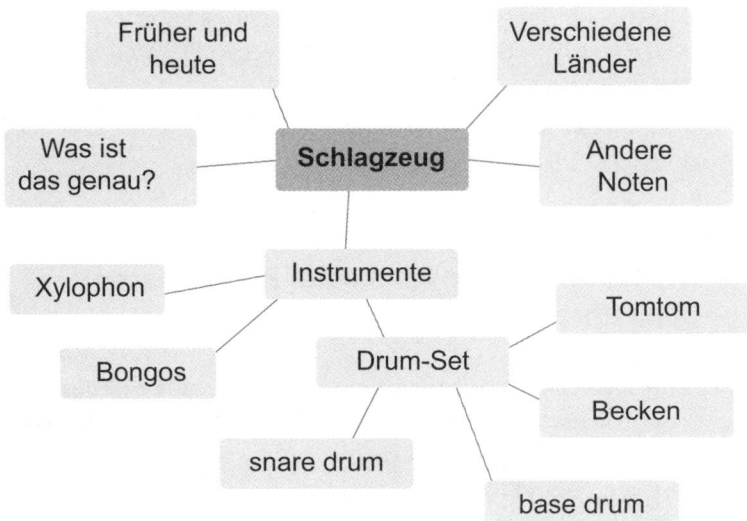

Beispiel für eine Mindmap zum Thema »Schlagzeug«

Sehr hilfreich kann hier ein Jugend-Sachbuch aus der örtlichen Bücherei oder der Schulbibliothek sein. Ein Buch ist überschaubar gegliedert und klar begrenzt und damit den momentanen Möglichkeiten Ihres Kindes angemessen und besser als Informationsquelle geeignet als eine Internetrecherche. (Nicht nur) Grundschulkinder sind völlig überfordert, wenn sie zu einem Thema passende Informationen im Internet suchen sollen. Muss doch einmal noch etwas im Internet nachgesehen werden, so empfehlen sich spezielle Suchmaschinen und auch Online-Lexika für Kinder (vgl. Anhang).

Bei einer solchen gemeinsamen Suche kann dann auch ganz grundlegend der Umgang mit Informationen im Internet geübt werden. Dabei können Sie Ihrem Kind zeigen, wie man konzentriert am Thema bleibt und sich nicht von den zahlreichen Ablenkungen beeinflussen lässt. Ebenso können Sie bei jeder aufgerufenen Seite gemeinsam mit Ihrem Kind aufs Neue prüfen, wer eigentlich hinter dieser Seite steht. Ist es also beispielsweise die zuckerverarbeitende Industrie, die Tipps für gesunde Zähne gibt, oder ist es eine unabhängige staatliche Stelle? Denn eines ist sicher: Der vielleicht sehr schnelle und technisch schon versiert erscheinende Umgang Ihres Kindes mit Smartphone, Tablet oder Notebook sagt wenig über dessen (kritische) Medienkompetenz aus (vgl. Anhang).

Wie kann ich mein Kind beim Präsentieren-Üben unterstützen?

Es kann Sicherheit verschaffen und überdies Freude bereiten, ein selbst erarbeitetes und interessantes Thema anderen Menschen vorzustellen. Manche Kinder simulieren zu Hause gerne ihre schulische Präsentation. Sie warten nach ihrer Vorstellung stolz und neugierig zuerst auf den Beifall und dann auf die Fragen der Familie. Vorsicht sollten Sie allerdings bei der Idee walten lassen, Ihr Kind die tolle Präsentation bei der nächsten Familienfeier vortragen zu lassen, um mit ihm Eindruck zu machen. Nicht alle Kinder fühlen sich bei einem solchen Vorhaben wohl.

Die meisten Kinder haben in der Grundschule noch kein Gefühl dafür entwickelt, wie lange ihre Präsentation dauert. Daher kann es eine gute Idee sein, wenn Sie bei häuslichen Proben ein Augenmerk auf die Zeitdauer der Buchvorstellung oder Präsentation haben und diese mit Ihrem Kind besprechen. Einem leise sprechenden Kind kann es helfen, wenn Sie sich möglichst weit weg setzen, damit Ihr Kind auch in der Übungssituation laut sprechen muss, um Sie in der Ferne zu erreichen.

Ob es hilfreich ist, dem Kind zu zeigen, wie sich mit Gesten das Auftreten verbessern lässt (zum Beispiel ausladende Handbewegung, um das Wort »groß« zu unterstreichen), kann nicht allgemein entschieden werden. Manche Kinder greifen solche Ideen und Elemente gerne auf, während andere sich damit vom Inhalt ablenken lassen und die Idee als »peinlich« bezeichnen. Leichter geübt werden können hingegen Pausen und Betonungen beim Vortragen. Diese können auch auf Karteikarten oder einem Vortragspapier notiert werden. Auch hierbei gibt es wiederum keine allgemeingültige Empfehlung. Während manchen Kindern die Sicherheit, im Notfall auf einem Papier nachsehen zu können, hilft, lösen sich andere mit einem Vortragsmanuskript kaum vom Papier. Einige wollen sich allenfalls Stichworte notieren, anderen sind auswendig gelernte Einleitungssätze sehr wichtig, um anfängliche »ähms« zu vermeiden.

Auch wenn das vorherige Üben und Simulieren der Vortragssituation für die meisten Kinder hilfreich ist, so sollten Sie dennoch darauf achten, die Präsentation nicht zu wichtig zu nehmen. Vermitteln Sie Ihrem Kind Gelassenheit und Sicherheit, damit es sich zuversichtlich vor die Klasse stellen und auch einen eigenen Fehler wegstecken kann. Gerade bei Kindern, die dazu neigen, bei Fehlern »im Boden zu versinken«, kann das Hinarbeiten auf einen fehlerfreien Vortrag kontraproduktiv sein. Anders sieht es hingegen bei Kindern aus, die nur wenig Mühe auf ihre Präsentation verwenden möchten: Für sie kann die häusliche Erfahrung, den Faden verloren zu haben, hilfreich und motivierend sein, um sich noch einmal mit der Präsentation zu befassen und die Vorbereitung ernst zu nehmen.

Das Wichtigste in Kürze

Bei Präsentationen steht nicht das Produkt (die fertige Präsentation), sondern der Lernprozess im Zentrum. Keinesfalls sollten Sie Ihrem Kind Präsentationen erstellen, um ihm möglichst gute Zensuren zu sichern.

Wie schon bei den Hausaufgaben, so gilt auch hier: Präsentationen sind Sache des Kindes. Wenn Ihr Kind es möchte, können Sie beim Erfassen und Strukturieren des Themas zuhören, interessiert nachfragen oder auch mit Ihrem Kind zusammen in der Bücherei ein passendes Sachbuch suchen.

Ist Ihr Kind von der Aufgabe völlig überfordert, so kann es auch hilfreich sein, mit ihm zusammen eine Gliederung zu entwerfen.

Manche Kinder freuen sich, wenn sie ihre Präsentation zu Hause interessierten Eltern probeweise vortragen können und Tipps und Lob erhalten.

Möchte ein Kind seine Buchvorstellung oder Präsentation alleine machen, so ist dies völlig in Ordnung.

Wie gehe ich mit Noten um?

Am Schulanfang gibt es noch keine Noten. Dabei hätten manche Eltern gerne von Anfang an Zensuren, um zu wissen, ob ihr Kind gut mitkommt und die Schule voraussichtlich erfolgreich bewältigen wird. Vielleicht fragen auch Sie sich, warum am Schulanfang auf Noten verzichtet wird? Eine erste Antwort lautet:

Aus pädagogischer Sicht spricht tatsächlich nahezu alles gegen und fast nichts für Noten!

Welche Nachteile haben Noten?

Noten sind informationsarm
Einer Note können Sie nicht entnehmen, was Ihr Kind kann und was es noch nicht kann, was ihm leicht- oder schwerfällt. Was könnte also zum Beispiel eine Drei im Fach Deutsch bedeuten? Sie könnte bedeuten, dass Ihr Kind flüssig liest, ihm aber das Abschreiben von der Tafel nur schwer gelingt, dass es fantasievolle Geschichten schreiben kann, diese aber oft nicht zu Ende bringt, dass es anfangs tolle Fortschritte gemacht hat, sich derzeit aber wenig

bemüht – oder jeweils das Gegenteil! Was tatsächlich gilt, lässt die Note offen.

Noten sind nicht objektiv

Nicht nur in Deutsch, auch in Mathematik sind Noten nicht objektiv. So kann es sein, dass eine Lehrkraft nur richtige Endergebnisse zählt, während eine andere auch Teilergebnisse anerkennt. Auch ist es möglich, dass eine Lehrperson Flüchtigkeitsfehler stärker oder geringer gewichtet. Studien zeigen immer wieder, dass ein und dieselbe Leistung ganz unterschiedlich benotet werden kann, weil verschiedene Lehrkräfte verschiedene Kriterien haben (zum Beispiel Birkel, 2003 und 2005).

Noten sind nicht vergleichbar

Verschiedene Lehrerinnen und Lehrer erwarten für ein und dieselbe Note verschiedene Leistungen. Schon deshalb sind Noten nicht vergleichbar. Außerdem wird ein und dieselbe Leistung eines Kindes in einer leistungsstarken Klasse anders als in einer leistungsschwachen benotet. Hinzu kommt, dass Lehrkräfte auch nur Menschen sind und ihre Beurteilungen nicht an jedem Tag exakt gleich ausfallen. Auch lassen sie sich von äußeren Dingen, wie zum Beispiel der Handschrift, beeinflussen.

Noten sind problematisch für die Motivation

Viele meinen, ohne Noten hätten Schüler keine Motivation, zu lernen. Dies ist jedoch ein Irrtum, wie auch ein Blick in andere Länder (zum Beispiel Finnland) zeigt, die erst in höheren Klassenstufen Noten vergeben. Tatsächlich lenken Noten vom Inhalt und vom eigenen Lernfortschritt ab. Wer nur der Noten wegen lernt, vertieft sich nicht aus Interesse. Wenn es nur um die Zensur geht, fragt ein Kind bei Unverstandenem nicht unbedingt nach, sondern schreibt im Falle eines Falles einfach ab. Außerdem sind wiederholt schlechte Noten bei Kindern, die sich angestrengt haben, problematisch für die Motivation. Auch sehr leistungsstarke Kinder entwickeln ihre Kräfte mit Blick auf die sowieso schon guten Noten nicht unbedingt weiter.

Noten fördern Konkurrenz
In die Noten fließen nahezu immer Vergleiche mit den Leistungen anderer ein. Wer bessere Leistungen zeigt, bekommt die bessere Note, wer schlechtere Leistungen hat, erhält die schlechtere Note. Wer anderen hilft, sorgt unter Umständen dafür, dass die eigenen Leistungen nicht mehr besser als die der anderen sind, und schneidet sich damit letztlich ins eigene Fleisch. Mit Blick auf Noten ist es also »sinnvoll«, anderen nicht zu helfen. Aus Mitschülern werden Konkurrenten.

Warum gibt es dennoch Noten? Nun, Noten geben eine rasche Orientierung bezüglich der Frage, ob das Kind die Erwartungen der Schule erfüllt. Sie sind schneller geschrieben und auch schneller gelesen als eine ausführliche Rückmeldung in Worten. Vor allem aber haben Noten eine lange Tradition. Rückmeldungen ohne Noten gibt es aktuell im deutschen Schulsystem lediglich in den Anfangsklassen der Grundschulen und in höheren Klassenstufen an einigen privaten Ersatzschulen, insbesondere an Waldorfschulen.

Wie gehe ich mit Rückmeldungen ohne Noten um?

Zu Beginn der Schulzeit bekommen Kinder für ihre Leistungen Rückmeldungen beispielsweise in Form von Smileys oder schriftlichen Hinweisen (»Prima!« – »Gute Idee!« – »Du hast sehr sauber geschrieben!« – »Das ist viel übersichtlicher geworden! Achte noch darauf, die Anfangsbuchstaben untereinander zu schreiben.«). Auch das Zeugnis ist anfangs ohne Zensuren und enthält Beschreibungen des Lernens und Verhaltens. Durch die verschiedenen Rückmeldungen erfährt Ihr Kind etwas über die Qualität seiner Arbeit oder auch über den Lernfortschritt. Ein Vergleich mit den anderen Kindern der Klasse findet nicht statt. Oft sprechen Lehrerinnen und Lehrer auch mit den Kindern über Gelungenes oder weniger Gelungenes und verabreden gemeinsam Ziele. Mancherorts gibt es Lerngespräche oder Lernentwicklungsgespräche, für die sich die Lehrkräfte viel Zeit nehmen.

Insgesamt haben die Leistungsrückmeldungen hier vor allem die Aufgabe, zu informieren und zu motivieren. Ihr Kind kann erkennen, wie viel es schon gelernt und geleistet hat und wo seine Stärken und Schwächen liegen. Dabei lernt es, die Qualität seiner Leistungen selbst einzuschätzen. Es übt sich darin, Kritik anzunehmen und umzusetzen und eine Perspektive für zukünftiges Lernen zu entwickeln. Dies kann ihm auf dem Weg zur Selbstständigkeit und zu mehr fachlicher Kompetenz helfen.

Wie können Sie nun mit den Rückmeldungen der Lehrkraft umgehen? Wenn Ihnen Ihr Kind positive Rückmeldungen zeigt, so können Sie sich natürlich einfach mit ihm freuen. Zeigt es Ihnen hingegen negative Rückmeldungen, so können Sie zunächst einmal lobend herausstellen, dass Ihr Kind Ihnen diese überhaupt zeigt. Vielleicht fragen Sie aber auch erst einmal: Wie geht es dir mit dieser Rückmeldung? Zusätzliche Kritik ist dann kaum zu empfehlen. Vielmehr geht es darum, nach vorne zu schauen und zu überlegen, wie das Lernen und Arbeiten beim nächsten Mal besser gelingen kann. Auch ist es ein guter Weg, wenn Sie sich die Hinweise der Lehrerin von Ihrem Kind erklären lassen: Wie hat sie das gemeint? Was habt ihr dazu in der Schule besprochen?

In der Regel gelingt es Eltern, sich aus den schriftlichen Rückmeldungen der Lehrkraft ein Bild von den fachlichen Stärken und Schwächen des Kindes zu machen. Sollte dies bei Ihnen nicht der

Wie kann ich auf die ersten Noten reagieren?

Fall sein, so fragen Sie nach einem Gesprächstermin, um Klarheit zu gewinnen.

Wie kann ich auf die ersten Noten reagieren?

Im Laufe der Grundschulzeit bringt Ihr Kind die ersten benoteten Arbeiten mit nach Hause. Wann das genau ist, hängt vom jeweiligen Bundesland ab – nur im ersten Schuljahr gibt es allgemein noch keine Noten.
Wie wollen Sie auf Noten reagieren? Vermutlich wird es Ihnen wichtig sein, Ihr Kind einerseits zu stärken und ihm Rückhalt zu geben und es andererseits zum Lernen und Arbeiten (und letztlich zu einem erfolgreichen Schulabschluss) zu bewegen. Doch wie kann dies gelingen? Die folgenden Überlegungen können helfen:

> Nehmen Sie die Noten nicht zu wichtig! Was wirklich zählt, ist die Frage, ob das Kind etwas dazugelernt hat.

- Fragen Sie Ihr Kind, ob es zufrieden ist und wie es selbst zum erreichten Ergebnis steht.
- Machen Sie sich ein eigenes Bild: Fehlen dem Kind entscheidende Punkte in einer Arbeit, weil es ein Wort überlesen oder etwas verwechselt hat? Dann informiert die Note vielleicht mehr über die Fähigkeit, Aufgaben gründlich zu lesen und zu verstehen, als über die Kenntnis der abgeprüften Inhalte und das jeweilige Fachwissen.
- Überlegen Sie gemeinsam, was gelungen und was weniger gelungen ist und was beim nächsten Mal besser gemacht werden kann. Hierzu können Sie auch die Hinweise der Lehrkraft nutzen.

- Fragen Sie nicht nach dem Klassendurchschnitt und nach den Noten der anderen, auch wenn Ihnen das schwerfällt. Gerade im Falle einer guten Note sollte die Freude nicht dadurch geschmälert werden, dass andere auch erfolgreich waren.
- Vergüten Sie gute Noten nicht mit Geld. Wer Kinder für gute Noten bezahlt, zeigt kein Interesse am gelernten Inhalt und am Lernfortschritt, sondern vornehmlich an der Zahl unter der Arbeit oder später im Zeugnis. Die Idee »Geld für gute Noten« wird auch dann schwierig, wenn Geschwister in die Schule kommen oder es um die Frage geht, ob Noten beispielsweise in Deutsch und in Sport unterschiedlich belohnt werden sollen.
- Trösten Sie Ihr Kind im Falle einer schlechten Note. Nach einem Misserfolg benötigt es keine weitere Kritik, sondern eine Umarmung und den Hinweis, dass es beim nächsten Mal besser werden kann. Eine einzelne misslungene Arbeit hat für das spätere Leben sowieso keine Bedeutung.
- Bestärken und stützen Sie Ihr Kind, wenn es trotz Anstrengung keine besseren Noten zu erzielen vermag.
- Verlangen Sie nicht bessere Noten für die Zukunft und drohen Sie nicht. Wenn ein Kind Leistungsangst entwickelt, dann kann es sich nicht gut entfalten und wird zukünftig unter seinen Leistungsmöglichkeiten bleiben.
- Versuchen Sie nicht, Ihrem Kind mit vordergründig entlastenden Hinweisen zu helfen. Die Aussage »Mathe konnte ich auch nie« oder »Na ja, Jungs und Schreiben, das ist halt schwierig« mögen gut gemeint sein, können aber auch ungünstige Auswirkungen haben und Entwicklung verhindern.
- Wissen Sie eigentlich noch, wie es Ihnen früher in der Schule erging? Wie haben Ihre Eltern reagiert, wenn Sie gute oder schlechte Noten nach Hause brachten? Welche Reaktionen fanden Sie hilfreich, welche nicht? – Es ist immer wieder wichtig, die eigene Schulbiografie zu überdenken und zu prüfen, ob man nicht früher beobachtete Verhaltensweisen einfach übernimmt.

Sollen wir für Tests und Klassenarbeiten üben?

Viele Eltern üben mit ihren Kindern für Tests und Klassenarbeiten (»*Wir* müssen noch üben«). Vielleicht tragen Sie sich auch mit dem Gedanken, dies zu tun? Doch was signalisieren Sie Ihrem Kind mit einem solchen Üben? Sie zeigen ihm, dass es in der Schule letztlich darauf ankommt, bei Tests und Klassenarbeiten gut abzuschneiden und gute Noten zu erzielen. Sie zeigen nicht, dass es wichtig ist, sich weiterzuentwickeln und dazuzulernen. Dazu müssten Sie Ihr Kind nämlich unabhängig von Tests und Klassenarbeiten fragen: Gab es in der Schule neue und spannende Erkenntnisse? Ist etwas unklar geblieben?

Wenn schulisches Lernen vornehmlich auf Tests und Arbeiten hin ausgerichtet wird, dann erscheint die Schule wie eine geschlossene Veranstaltung: Man lernt in der Schule für die Schule. Diese Art von Lernen ist nicht nachhaltig und auch nicht inhaltlich begründet. Stattdessen ist sie an einem äußeren Zweck ausgerichtet. Interesse und Motivation aus der Sache heraus können sich so nur schwer entfalten. In der Pubertät kann es in der Schule dann richtig schwierig werden. Wenn jetzt kein eigenes Interesse am Lernen vorhanden ist und diesbezügliche Erwartungen von außen entwicklungsbedingt zurückgewiesen werden: Wie soll Anstrengungsbereitschaft für schulische Aufgaben entstehen? Auch kommt ein Lernen für Klassenarbeiten in höheren Klassenstufen an seine Grenzen, wenn beispielsweise in einer Woche drei Arbeiten geschrieben werden.

Daher: Ein explizites Lernen für Leistungsüberprüfungen macht mit Blick auf den Schulabschluss Sinn. Für die Grundschule aber ist es völlig ungeeignet. Hinzu kommt, dass Sie Ihrem Kind mit dem häuslichen Üben für Klassenarbeiten auch signalisieren, dass Sie ihm wenig zutrauen. Sie zeigen ihm, dass Sie der Meinung sind, Ihr Kind könne die Schule nicht ohne Sie bewältigen. Manche Kinder lehnen das Üben mit den Eltern deshalb auch ab. Sie halten es für eine unpassende Einmischung. Nur wenige Kinder begrüßen es, wenn ihre Eltern zusätzlich mit ihnen üben.

Und nun? Vielleicht fällt es Ihnen schwer, sich hier zurückzuhalten. Es ist gut möglich, dass Sie von allen Seiten hören, wie zu Hause noch geübt und gelernt wird. Eventuell sehen Sie sich in der Pflicht und Verantwortung, mit Ihrem Kind zu üben, auch wenn es keinen Spaß macht. Versuchen Sie, sich davon zu befreien, und distanzieren Sie sich von der Idee des Lernens allein um der Note willen. Übergeben Sie Ihrem Kind die Verantwortung. Sie können sich sicher sein: Langfristig wird sich ein nachhaltig angelegtes Lernen aus einem inneren Antrieb heraus im Vergleich zu einem punktuellen und von außen veranlassten Üben als überlegen erweisen.

Das Wichtigste in Kürze

Noten haben eine lange Tradition in der Schule. Gleichwohl sind sie sehr kritisch zu sehen: Noten sind informationsarm, nicht objektiv, problematisch für die Motivation, nicht vergleichbar und sie fördern Konkurrenz zwischen den Kindern einer Klasse.

Deshalb ist es eine gute Sache, dass es am Schulanfang keine Noten gibt. Ohne Noten können Sie sich viel leichter auf den Lernfortschritt konzentrieren. Wenn Ihr Kind Rückmeldungen zu seinen Leistungen bekommt, können Sie sich mit diesen auseinandersetzen. Denken Sie gemeinsam mit Ihrem Kind über seine Stärken und Schwächen nach.

Wenn im Laufe des zweiten Schuljahres Noten erteilt werden: Nehmen Sie diese nicht zu wichtig! Fragen Sie Ihr Kind, wie es ihm mit der Note geht. Spenden Sie Trost und Zuversicht, wenn die Note nicht den Erwartungen entspricht. Fragen Sie nicht nach den Noten der anderen. Vergüten Sie Noten nicht mit Geld.

Wenn es Ihnen möglich ist: Üben Sie nicht mit Ihrem Kind für Tests und Klassenarbeiten. Das punktuelle Üben für einen äußeren Zweck (die Note) ist auf lange Sicht sehr unklug. Auch signalisieren Sie Ihrem Kind sonst, dass Sie es ihm nicht zutrauen, die Schule selbst zu bewältigen.

Mein Kind hat Lernprobleme

Alle Eltern wünschen sich, dass ihr Kind leicht, freudig und erfolgreich lernt. Auch Kinder möchten gerne mühelos Fortschritte in der Schule machen. Kinder wie Eltern erleben es als Ent-Täuschung, wenn schulisches Lernen nur schwer gelingt und wenig Freude bereitet. Es ist nicht einfach, damit umzugehen. Ein erster Schritt kann darin bestehen, erst einmal herauszufinden, was für ein Problem vorliegt. Danach kann überlegt werden, was helfen könnte. Manchmal kann ein kluger Umgang mit einem Problem viel Entlastung bedeuten, ein anderes Mal müssen Schwierigkeiten auch akzeptiert und gemeinsam ausgehalten werden. Für Sie als Eltern ist es wichtig zu wissen, was Sie von Ihrem Kind erwarten können und wo seine Grenzen liegen. Um dieses herauszufinden, ist oftmals professionelle Hilfe nötig.

Die folgenden Informationen sollen Ihnen eine erste Einschätzung der Schwierigkeiten Ihres Kindes ermöglichen und können auch Ihren eigenen Blick verändern. Sie beziehen sich auf besonders häufig vorkommende Schwierigkeiten.

Warum kann sich mein Kind nicht konzentrieren?

Kennen Sie diese Situation? Ihr Kind soll für die Schule arbeiten, kommt aber nicht voran: Es trödelt, schaut in die Luft oder lässt sich leicht ablenken. Warum erledigt Ihr Kind nicht einfach zügig die wenigen Aufgaben, damit es anschließend frei und unbelastet spielen kann? Tatsächlich wird die Frage nach der mangelnden Konzentration häufig gestellt und soll auch hier aufgegriffen werden:

Konzentration meint einen Zustand hoher, willentlich herbeigeführter Aufmerksamkeit, welche sich auf einen bestimmten Gegenstand richtet. Konzentrationsfähigkeit im Hinblick auf schulisches Lernen bedeutet also die Fähigkeit, sich gezielt auf schulische Aufgaben fokussieren zu können. Ist ein Kind nicht willens, seinen Aufgaben ungeteilte Aufmerksamkeit zu schenken, so zeigt sich dies zum Beispiel darin, dass es leicht ablenkbar ist, mengenmäßig wenig leistet oder fehlerhaft arbeitet und es große Schwankungen in seinem Leistungsverhalten gibt.

Der Begriff der Konzentrationsschwäche verweist auf eine generelle Schwäche. Sie tritt insbesondere im Rahmen einer tief greifenden Störung oder Behinderung auf (vgl. das nachfolgende Teilkapitel). Bekannt ist auch, dass Kinder mit einem sehr niedrigen Geburtsgewicht später oftmals große Konzentrationsschwierigkeiten haben (vgl. Domsch, 2014). Kindern mit einer solchen Konzentrationsschwäche bereitet die Schule zumeist erhebliche Probleme, sie bleiben unter ihren Möglichkeiten und bedürfen professioneller Unterstützung.

Davon abzugrenzen ist die Konzentrationsstörung, die sich nur auf bestimmte Tätigkeiten, Situationen oder Zeiten beschränkt. Eine Konzentrationsstörung kommt wesentlich häufiger als eine generelle Konzentrationsschwäche vor. Jeder und jede weiß von sich selbst, dass die eigene Konzentrationsfähigkeit nicht stabil über die Zeit ist und auch nicht unabhängig von der sonstigen Befindlichkeit.

Ursachen mangelnder Konzentration

Die möglichen Ursachen für mangelnde Konzentration sind sehr vielfältig. Es kommen beispielsweise folgende Punkte infrage:
- Körperliche Ursachen (zum Beispiel Wachstumsbeschwerden, Störungen in der Blutzuckerregulation, chronische Erkrankung)
- Nebenwirkungen von Medikamenten
- Schlafmangel
- Müdigkeit im Tagesverlauf, zum Beispiel nach dem Mittagessen
- Vielfältige Ablenkungen am Arbeitsplatz
- Musik und Nebengespräche im Raum
- Niedrige Erfolgserwartung
- Belastungen durch Krankheiten, Behinderungen oder Konflikte in der Familie oder im Freundeskreis
- Ungünstiges Freizeitverhalten, zum Beispiel übermäßige Handy-Nutzung, Computerspiele und Videokonsum
- Vielfältige Aktivitäten und häufige Unruhe in der gesamten Familie
- Über- oder Unterforderung
- Mangelndes Interesse an den gestellten Aufgaben

Die beiden letzten Punkte zeigen, dass viele vermeintliche Konzentrationsprobleme in Wirklichkeit Motivationsprobleme sind, die sich bei anderen, selbst gewählten Tätigkeiten nicht zeigen. Ob bei einem Kind tatsächlich deutliche Konzentrationsprobleme bestehen, kann mittels Tests, Beobachtungen und Befragungen von professioneller Seite, beispielsweise in einer Beratungsstelle, festgestellt werden.

Hier wie bei vielen weiteren Schwierigkeiten empfiehlt es sich, zunächst einmal abzuklären, ob vielleicht Seh- oder Hörschwierigkeiten oder andere körperliche Ursachen vorliegen. Diese entwickeln sich oftmals erst im Laufe der Kindheit und Jugendzeit. Sie bleiben teilweise jahrelang unentdeckt und können Kinder erheblich beinträchtigen. Insofern kann der Weg zum Kinderarzt vielleicht der erste Schritt sein.

Wie lange kann sich mein Kind konzentrieren?

Volle Konzentration ist nur über einen begrenzten Zeitraum möglich – und dieser wird leicht überschätzt. Vor allem jüngere Kinder verfügen nur über eine kurze Konzentrationsspanne. Die nachfolgende Tabelle zeigt, in welchem Alter wie lange konzentriert an (herausfordernden) schulischen Aufgaben gearbeitet werden kann (Domsch, 2014). Individuelle Abweichungen sind immer möglich.

Alter	Maximale Konzentrationsdauer für schulische Aufgaben
5–7 Jahre	etwa 15 Minuten
7–10 Jahre	etwa 20 Minuten
10–12 Jahre	etwa 25 Minuten
12–16 Jahre	etwa 30 Minuten

Dies bedeutet, dass halbstündige Hausaufgaben in der Grundschule kaum am Stück erledigt werden können. Vor allem Erstklässler benötigen hier eine kurze Pause. Diese Pause soll der Entspannung und Erholung dienen. Günstig ist es, wenn Ihr Kind sich ein wenig bewegt, sich mit jemandem unterhält, vielleicht etwas trinkt und auch ein paar Obstschnitze, einen Keks oder etwas Joghurt isst. Alle Ablenkungen elektronischer Art, also Handys oder PlayStations, sind hingegen ungeeignet. Auch Tätigkeiten, von denen sich Ihr Kind nur schwer wieder lösen kann, können nicht empfohlen werden.

Wie kann ich mein Kind unterstützen?

Wie können Sie Ihr Kind auf dem Weg zu einer höheren Konzentrationsfähigkeit unterstützen? Hier sind verschiedene Möglichkeiten denkbar.

Wichtig ist sicher immer das eigene Vorbild: Höre ich meinem Kind mit ungeteilter Aufmerksamkeit zu oder tippe ich vielleicht nebenher auf dem Smartphone? Konzentriere ich mich auf meine Tätigkeiten oder springe ich oft zwischen verschiedenen Aufgaben hin und her? Und natürlich stellt sich immer auch die Frage, ob Ihr Kind Ruhe und Gelassenheit erfährt, wenn es um schulische Aufgaben geht, oder ob es eher Hektik, Druck und Besorgnis erlebt.

Leben Sie konzentriertes Arbeiten vor und strahlen Sie Zuversicht aus.

Darüber hinaus können Sie einige Punkte in Augenschein nehmen:
- Gibt es Ablenkungen am Schreibtisch oder ist dieser aufgeräumt und zweckmäßig hergerichtet?
- Hört mein Kind beim Lernen Musik oder gibt es Nebengespräche?
- Bekommt mein Kind genügend Schlaf?
- Bewegt sich mein Kind regelmäßig?
- Hat es ausreichend Gelegenheit für freies Spiel?
- Ist die Ernährung ausgewogen?

Möchten Sie darüber hinaus gezielt die Konzentrationsfähigkeit stärken, so können Sie mit Ihrem Kind
- gemeinsam Bilderbücher ansehen oder ihm vorlesen,
- gemeinsam Memory, Mikado etc. spielen oder
- sich mit Ihrem Kind ausdauernd auch über schwierigere Themen unterhalten.

Ist es auch sinnvoll, bei mangelnder Konzentration mit Präparaten aus Drogerie und Apotheke nachzuhelfen? Könnten beispielsweise Nahrungsergänzungsmittel unterstützend wirken? Vielleicht denken Sie sich, dass Vitamine und andere Substanzen, sollten sie nicht helfen, auch nicht schaden würden. Immerhin verspricht die Werbung vieles. Gute Eltern wollen da nichts versäumen, koste es, was es wolle. Dennoch sei hier ganz klar gesagt: Gesunde Kinder benötigen keine Nahrungsergänzungsmittel, auch nicht aus dem Reformhaus oder der Apotheke. Nur im Falle eines ärztlich erkannten Mangelzustandes sollten Sie Pillen, Säfte oder Tropfen verabreichen. Ansonsten lernt Ihr Kind eines schon sehr früh: Wenn ich ein Problem habe, suche ich mir eine einfache Lösung und schlucke etwas.

Generell gilt: Je einfacher eine Lösung für ein komplexes Problem klingt, desto mehr Skepsis ist geboten.

Zeigt sich Ihr Kind besonders in der Hausaufgabensituation unkonzentriert, so können Sie es auch dazu anleiten, immer eine bestimmte Schrittfolge beim Arbeiten einzuhalten. Diese sollten Sie zunächst gemeinsam besprechen und sich von ihrer Nützlichkeit überzeugen. Danach kann diese Vorgehensweise eingeübt und auch auf einem Papier festgehalten und in Sichtweite am Schreibtisch angebracht werden:

Meine Arbeitsschritte:
1. Ich lese die Aufgabe.
2. Ich überlege, ob ich die Aufgabe richtig verstanden habe.
3. Ich fange an.
4. Ich arbeite.
5. Ich kontrolliere.

Weitere Möglichkeiten der Unterstützung

Selbstverständlich können auch Lehrkräfte die Konzentrationsleistungen ihrer Schülerinnen und Schüler verbessern, indem sie

- Über- und Unterforderungen vermeiden und jeweils passende Aufgaben auswählen,
- auf Erfolge und Fortschritte der Kinder verweisen und
- jedes Kind auf vielfältige Weise stärken.

Darüber hinaus kann es Kindern helfen, in einem Kurs autogenes Training zu erlernen oder ein spezifisches Konzentrationstraining zu absolvieren. Hier lohnt es sich, auf die Schule zuzugehen und nach entsprechenden Kursen zu fragen.

Kurzfassung »Konzentration«:

Konzentration meint einen Zustand hoher, willentlich herbeigeführter Aufmerksamkeit.

Nicht immer gelingt es Kindern, konzentriert bei der Sache zu bleiben. Faktoren, die die Konzentration mindern, sind zum Beispiel Müdigkeit, Belastungen oder ein ungünstiges Freizeitverhalten. Viele vermeintliche Konzentrationsschwierigkeiten sind in Wirklichkeit aber Motivationsprobleme.

Die Konzentrationsfähigkeit von Kindern wird leicht überschätzt. Die mögliche Konzentrationsspanne liegt bei Schulanfängerinnen und -anfängern bei ca. 15 Minuten. Sie können Ihr Kind unterstützen, indem Sie insbesondere für ausreichend Schlaf und Bewegung sorgen und Ablenkungen am Arbeitsplatz vorbeugen. Auch kann es förderlich sein, wenn Sie Ihrem Kind beim bewussten Planen und Überwachen des eigenen Lernens helfen.

> Liegen erhebliche Konzentrationsstörungen vor, so ist es sinnvoll, eine professionelle Diagnostik und Unterstützung zu nutzen.

Hat mein Kind Lese-Rechtschreib-Schwierigkeiten (LRS)?

Während früher bei Schwierigkeiten beim Lesen und Schreiben oft von Legasthenie gesprochen wurde, hat sich heute weitgehend der Begriff der Lese-Rechtschreib-Schwierigkeiten (LRS) durchgesetzt. In der offiziellen Klassifikation der Weltgesundheitsorganisation (sogenannte ICD-10-Klassifikation) wird auch von einer Lese-Rechtschreib-Störung gesprochen. Man geht davon aus, dass circa 5 bis 7 Prozent aller Kinder von LRS betroffen sind, also pro Klasse durchschnittlich ein Kind (vgl. zum Beispiel Schneider, 2014; Schulte-Körne u. a., 2003). Der frühere Begriff der Legasthenie ließ viele Menschen an eine Krankheit denken, was nicht zutrifft: Kinder mit LRS sind nicht krank. Es wäre nicht klug, bei ihnen eine solche Idee hervorzurufen (»Ich habe eine unheilbare Krankheit; da kann man nichts tun«). Auch gibt es keine gesicherten Hinweise darauf, dass LRS erblich ist oder gehäuft bei Linkshändern vorkommt.

Kinder mit Lese-Rechtschreib-Schwierigkeiten (LRS) haben nichts anderes als massive Schwierigkeiten beim Lesen- und Schreibenlernen. Beispielsweise können Betroffene bereits gelesene und häufig vorkommende Worte (zum Beispiel ein, die, und) kaum wiedererkennen. Später treten erhebliche Rechtschreibstörungen auf, die oft bis ins Erwachsenenalter reichen. Auch beim Fremdsprachenlernen kommt es oft zu Schwierigkeiten.

Ob Kinder mit LRS andere oder einfach mehr Fehler als Kinder ohne LRS machen, wird immer wieder diskutiert. Für Eltern, die ihr Kind unterstützen möchten, spielt diese Frage eigentlich keine entscheidende Rolle. Wenn Sie merken, dass Ihr Kind

- sehr langsam liest,
- sich häufig verliest,
- keine Freude am Lesen hat,
- Texten keinen Sinn entnimmt,
- ungern schreibt,
- in Diktaten sehr viele Fehler macht
- und beim Lesen und Schreiben wenig Fortschritte zeigt,

dann wissen Sie, dass Ihr Kind Lese-Rechtschreib-Schwierigkeiten (LRS) hat und Unterstützung benötigt.

Eltern suchen, durchaus verständlich, immer wieder nach der einen und einfachen Lösung für das große Problem. Manche sind sehr empfänglich für die Versprechen von Nahrungsergänzungsmittelwerbungen, kommerziellen Instituten für Kinesiologie oder anderen unspezifischen und wissenschaftlich nicht haltbaren Verfahren. Nicht wenige wünschen sich auch ein Krankheits- oder Behinderungs-Etikett, das sie entlasten könnte. Dennoch führen all diese Ansätze nicht weiter.

Kinder mit LRS benötigen Übungen im Lesen und Schreiben, die sich an ihren Stärken und Schwächen orientieren.

An diesen Übungen führt kein Weg vorbei. Im besten Fall übernimmt die Schule die Auswahl, Begleitung und Überprüfung der jeweils geeigneten Übungen. Dies kann sowohl im Unterricht als auch in speziellen Förderstunden geschehen. Ein häusliches Üben unter Mitarbeit der Eltern gelingt vermutlich nur in wenigen Fällen, wenn die Kinder sehr motiviert sind. Aber auch dann sollten die Übungen möglichst von der Schule ausgewählt und kontrolliert bzw. anerkannt werden. Wichtig ist, dass diese möglichst direkt an den jeweiligen Lese- und Rechtschreibproblemen ansetzen. Das ehemals favorisierte Trainieren allgemeiner Wahrnehmungsleistungen ist nach heutiger Einschätzung hingegen wenig Erfolg versprechend. Außerschulische Therapien können nur in sehr schwerwiegenden Fällen beim Jugendamt beantragt werden.

Bei der Auswahl von Büchern zum Lesenlernen ist es wichtig, leichte Erstlesebücher mit großer Druckschrift zu wählen, deren Inhalte interessieren. Wenn Kinder zu Hause selbstständig Bücher lesen und dabei immer wieder die Zeile verlieren, so kann eine einfarbige Postkarte unter die jeweilige Zeile gelegt werden. Manche Kinder haben aus dem Unterricht eine Lesekarte oder einen Lesepfeil für diesen Zweck und können diese Dinge auch zu Hause nutzen.

Wie Schulen mit LRS umgehen, wie also Diagnose und Förderung gestaltet werden und welche Regelungen es für die Notengebung gibt, hängt vom jeweiligen Bundesland ab. Hier gibt es zum Teil beträchtliche Unterschiede. Da die Schulen manchmal wenig über die gesetzlichen Grundlagen wissen, ist es oft sinnvoll, sich selbst kundig zu machen oder eine professionelle Beratungsstelle aufzusuchen (vgl. Kapitelende sowie Anhang).

Kurzfassung »Lese-Rechtschreib-Schwierigkeiten (LRS)«:

Etwa 5 bis 7 Prozent aller Kinder zeigen erhebliche Lese-Rechtschreib-Schwierigkeiten (LRS). Entgegen früherer Vorstellungen geht man heute weder von einer (erblichen) Krankheit noch von einer Behinderung aus. Auch die Idee typischer Fehler wird heute nicht mehr verfolgt.

Kinder mit LRS sollten möglichst frühzeitig und möglichst individuell in der Schule von kundigen Lehrkräften gefördert werden.

> Eltern können ihrem Kind besonders dadurch helfen, dass sie ihm durch Vorlesen die Lesemotivation erhalten und einen vielfältigen Umgang mit Schrift ermöglichen. Wichtig ist es außerdem, Geduld und Zuversicht zu zeigen.

Liegt eine Rechenstörung vor?

Hat ein Kind große Schwierigkeiten beim Rechnen, so spricht man im Allgemeinen von einer Rechenstörung, Rechenschwäche, Arithmasthenie oder Dyskalkulie. Nach der offiziellen Definition der Weltgesundheitsorganisation (sogenannte ICD-10-Klassifikation) dürfen Beeinträchtigungen beim Rechnen nur dann als Rechenstörung bezeichnet werden, wenn nicht gleichzeitig eine Intelligenzminderung oder unangemessene Beschulung vorliegt. Diese Definition wird von Fachleuten teilweise als zu eng kritisiert.

Eine zuverlässige Diagnose ist aufwendig und kann vom Kind, das ja von seinen Schwierigkeiten weiß, als belastend erlebt werden. Insofern sollte eine Diagnose nur in begründeten Fällen angestrebt werden. Sie kann keinesfalls durch Eltern oder Lehrkräfte geleistet werden.

Wird die Störung von einer Ärztin oder einem Arzt (in der Regel der Kinder- und Jugendpsychiatrie) offiziell bestätigt, dann ist es möglich, beim Jugendamt eine Förderung zu beantragen.

Man geht davon aus, dass circa 5 bis 6 Prozent der Schülerinnen und Schüler von einer Rechenstörung betroffen sind, Mädchen und Jungen gleichermaßen (vgl. zum Beispiel Aster u. a., 2007).

In der Praxis wird häufig nicht so eng definiert, wie es die Weltgesundheitsorganisation tut. Hier spricht man in der Regel dann von einer Rechenstörung oder auch Rechenschwäche bzw. Dyskalkulie, wenn erhebliche Beeinträchtigungen beim Rechnen beobachtbar sind. Fachleute vermeiden oft den Begriff der Dyskalkulie, weil er, ähnlich wie der Begriff der Legasthenie, an eine Krankheit denken lässt. Zentral erscheint das Zahlenverständnis:

> Kinder mit erheblichen Schwierigkeiten beim Rechnen haben in der Regel noch keinen ausgeprägten Zahlbegriff.

Mängel in der Zahlbegriffsentwicklung zeigen sich zum Beispiel daran, dass es Kindern von Anfang an schwerfällt, Zahlen zu zerlegen (zum Beispiel 6 = 4 + 2). Sie wissen auch im zweiten Schuljahr noch nicht, welche Zahl im Hunderterraum (zum Beispiel 27 oder 43) kleiner oder größer ist. Sowohl das Verdoppeln als auch das Halbieren macht ihnen Mühe; Beziehungen zwischen Zahlen werden nur schwer erkannt. Die Aufgabe 101 – 99 = ? erscheint auch in der vierten Klasse im Kopf kaum lösbar. Eine lange Kette mit sechs Kugeln hat für einen Erstklässler mit einer Rechenstörung mehr Kugeln als eine kurze Kette mit acht Kugeln. Eine Hauptstrategie des Rechnens ist auch nach dem ersten Schuljahr noch das zählende Rechnen, welches sich, vor allem bei größeren Zahlen, als fehleranfällig und zeitaufwendig erweist. Es gelingt auch kaum, bereits gelöste Aufgaben (zum Beispiel 8 + 4 = 12) für neue Aufgabenstellungen (zum Beispiel 8 + 5 = ?) zu nutzen. Hin und wieder werden Rechenzeichen verwechselt und Aufgaben können nicht in Rechengeschichten und wieder zurück verwandelt werden (zum Beispiel 5 – 2 → Fünf Autos stehen auf einem Parkplatz, zwei fahren weg).

Nimmt man alle Kennzeichen zusammen, so wird deutlich, dass Kinder mit einer Rechenstörung erhebliche Schwierigkeiten im Mathematikunterricht und allgemein mit Rechenaufgaben haben. Übliche Hilfen und Hinweise können sie nicht in geeigneter Weise nutzen. Auch nach mehreren festigenden Übungen gelangen sie nicht zu Sicherheit und Verständnis. Können sie doch einmal an einem Tag erfolgreich mitarbeiten, so wiederholt sich dies in der nächsten Stunde nicht unbedingt. Das Rechnen erscheint ihnen wie ein Buch mit sieben Siegeln.

Dennoch werden Rechenstörungen manchmal erst spät erkannt. Anfangs kommen betroffene Kinder vielleicht noch mit Abzählen ans Ziel oder schauen bei ihren Mitschülerinnen und Mitschülern ab. Beim Einüben des Einmaleins geben sie sich eventuell viel Mühe und erscheinen so bei der vermeintlich schwierigen Rechenoperation erfolgreich. Auch das schriftliche Addieren und Subtrahieren können sie oft recht gut bewältigen. Werden sie in den ersten Grundschuljahren nicht gezielt gefördert, geht wertvolle Zeit verloren. Gleichzeitig entwickeln die Kinder eigene und zum Teil sehr ungünstige Strategien, um irgendwie nach außen hin erfolgreich zu erscheinen. Dabei wird ihnen mehr und mehr deutlich, dass sie Mathematik nicht mögen und auch nicht wirklich verstehen.

Deshalb ist es wichtig, dass Sie beim Verdacht auf eine Rechenstörung frühzeitig mit der Lehrkraft ins Gespräch kommen und gemeinsam mit ihr überlegen, wie vorgegangen werden kann. Es hilft einem Kind mit einer Rechenstörung nicht, wenn es einfach mehr Aufgaben aus dem Mathematikbuch rechnet. Der Umfang und die Qualität schulischer Maßnahmen hängen in hohem Maße vom jeweiligen Bundesland, der einzelnen Schule und der jeweiligen Lehrkraft ab. Eventuell kann auch ein Computer-Lernprogramm eingesetzt werden, so zum Beispiel das Programm »Calcularis«. Ob es für das jeweilige Kind und seine Schwierigkeiten geeignet ist, sollte aber immer erst von einer Fachkraft eingeschätzt werden.

Kurzfassung »Rechenstörung«:

Rechenstörungen gibt es bei 5 bis 6 Prozent aller Kinder. Manchmal wird auch von einer Rechenschwäche oder Dyskalkulie gesprochen. Eine offizielle Diagnosestellung ist aufwendig und wird vorwiegend von Ärztinnen und Ärzten der Kinder- und Jugendpsychiatrie vorgenommen.

Kinder mit einer Rechenstörung kommen im regulären Mathematikunterricht kaum mit. Oft versuchen sie, mit eigenen und nur kurzfristig erfolgreichen Strategien mitzuarbeiten.

Eine schulische Förderung von Kindern mit einer Rechenstörung ist auch ohne aufwendige Diagnose möglich und sinnvoll, wenn eine geschulte Lehrkraft die Schwierigkeiten des Kindes erfasst und ihm dann geeignete Übungen anbietet. Untersuchungen zeigen, dass gute Trainingsprogramme zu einer Verbesserung des Zahlenverständnisses führen. Dieses sollte zentrales Ziel aller Maßnahmen sein. Es hilft wenig, Rechenwege noch mehr einzuüben.

Kinder mit einer Rechenstörung haben nur wenige Erfolge im Mathematikunterricht und erleben sich als Versager. Sie benötigen viel Geduld und Zuversicht vonseiten der Lehrkräfte und der Eltern.

Besteht eine Autismus-Spektrum-Störung (ASS)?

Manchmal kann ein Film viel bewegen. Seit Dustin Hoffman 1988 im preisgekrönten Film *Rain Man* auf berührende Weise einen Autisten mit herausragenden kognitiven Fähigkeiten spielte, wird positiver als zuvor über Menschen mit Autismus gesprochen. Gleichzeitig prägte der Film ein Bild von Autismus, das nur in wenigen Fällen zutreffend ist. Längst nicht alle Autisten verfügen über solche beeindruckenden Inselbegabungen wie der von Dustin Hoffmann gespielte »Rain Man«.

Eltern mit autistischen Kindern stehen vor großen Herausforderungen. Dies gilt ganz besonders für jene Zeit, in der noch keine Diagnose erfolgt ist. Eltern sind dann oft ratlos und fragen sich, warum ihr Kind so anders als andere Kinder ist und warum sie als Eltern so wenig Zugang zu ihrem Kind finden. Von anderen wird ihnen manchmal auch Versagen bei der Erziehung vorgeworfen.

Während früher verschiedene Formen des Autismus, zum Beispiel der frühkindliche Autismus und das Asperger-Syndrom, unterschieden wurden, gibt es seit 2013 die übergreifende Bezeichnung »Autismus-Spektrum-Störung« (Abkürzung: ASS). Autismus in seinen verschiedenen Ausprägungen gehört zu den tief greifenden Entwicklungsstörungen. Autismus kann nicht geheilt werden.

Über die Ursachen von Autismus wird viel spekuliert. Nach heutigem Wissensstand liegen Hirnfunktionsstörungen vor. Es gibt eine klare erbliche Komponente. Diese bedeutet aber nicht, dass bei einem autistischen Kind in der Familie alle Kinder eine Autismus-Spektrum-Störung aufweisen müssten. Es werden im Allgemeinen noch weitere Risikofaktoren beschrieben, so zum Beispiel Virusinfektionen in der Schwangerschaft oder eine Frühgeburt. Sicher ist, dass Autismus nicht auf fehlende Zuwendung oder auf falsche Erziehung zurückzuführen ist.

Die Diagnose von Autismus ist schwierig und aufwendig, zumal es verschiedene Ausprägungen und Grade gibt. Sie kann nur von einem Kinder- und Jugendpsychiater durchgeführt werden. Etwa 1 Prozent aller Kinder sind von einer Autismus-Spektrum-Störung betroffen.

Im Allgemeinen werden drei Hauptmerkmale benannt:
- Schwierigkeiten im sozialen Miteinander
- Beeinträchtigungen in Kommunikation und Sprache
- Wiederholte, oft stereotype Verhaltensweisen, starres Festhalten an Regeln

Menschen mit Autismus zeigen eine veränderte Verarbeitung von Wahrnehmungen. Auffallend sind schlechte Filterleistungen, sodass kaum zwischen »wichtig oder unwichtig?« unterschieden werden kann. Dadurch leiden viele Betroffene an einer ständigen Reizüberflutung. Manche Kinder ertragen den Lärm in einer Turnhalle kaum, andere sind sehr licht- oder geruchsempfindlich oder empfinden Berührungen ungewöhnlich stark oder schwach. Viele zeigen auch Schwierigkeiten in der Motorik. Autistischen Kindern gelingt es kaum, sich in die Sichtweise und Gefühlswelt anderer Menschen hineinzuversetzen. Mimik können sie nur schwer deuten. Das gemeinsame Spiel mit anderen wird eher gemieden. Menschen mit Autismus verstehen Ironie oder Redewendungen wörtlich. Sie müssen persönlich angesprochen werden und reagieren auf Formulierungen wie »Könnt ihr mal ...?« nicht. Die im Film »Rain Man« vorgestellte Inselbegabung wird in Zusammenhang mit Autismus zwar immer wieder beschrieben, stellt aber kein Kernmerkmal dar.

Kinder mit einer Autismus-Spektrum-Störung können wirkungsvoll entlastet und gefördert werden.

Nach der Diagnosestellung können Kinder mit ASS von speziellen Therapien sehr profitieren. Vor allem benötigen sie ein stabiles, klares und respektvolles Zuhause und ein ebensolches Klima in der Schule. Eltern mit autistischen Kindern benötigen viel Geduld und Zeit. Letztlich ist die ganze Familie mitbetroffen, wenn ein Mitglied eine Autismus-Spektrum-Störung aufweist. Es kann schwer sein, hier die Bedürfnisse aller zu wahren und in ein Gleichgewicht zu bringen. Manchmal benötigt deshalb auch die Familie eine Therapie oder anderweitige Unterstützung. Sinnvoll ist es in jedem Fall, nach außen hin offen mit den Schwierigkeiten des Kindes umzugehen und sie auch anderen Kindern mit einfachen, sachlichen Worten zu erklären.

Bei schwächerer Ausprägung und guter Förderung können autistische Kinder auch einen höheren Schulabschluss erreichen und immer wieder sogar erfolgreich studieren. Dazu können sie eine spezielle Förderung (zum Beispiel Schulbegleitung) in der Schulklasse erhalten und auch einen sogenannten Nachteilsausgleich für sich geltend machen. Dann bekommen sie zum Beispiel mehr Zeit für eine Klassenarbeit. Eltern müssen für alle diese Hilfen jedoch immer wieder ein beträchtliches Engagement zeigen und dürfen auch vor Anträgen und Behördengängen nicht zurückschrecken. Dabei darf nicht übersehen werden, dass manche Kinder lebenslang auf viel Unterstützung angewiesen sind.

Kurzfassung »Autismus«

Autismus ist eine tief greifende Entwicklungsstörung und kann nicht geheilt werden. Es gibt verschiedene Ausprägungen und Grade, die unter dem Begriff der Autismus-Spektrum-Störung (ASS) zusammengefasst werden. Autismus entsteht nicht durch fehlende Zuwendung oder falsche Erziehung.

Kennzeichen sind insbesondere Schwierigkeiten im sozialen Miteinander sowie in der Kommunikation und Sprache. Auch fallen oft stereotype Verhaltensweisen und das starre Festhalten an Regeln auf. Menschen mit einer Autismus-Spektrum-Störung verarbeiten Wahrnehmungen anders und sind zum Teil sehr reizempfindlich. Sie können sich kaum in die Sichtweise anderer Menschen hineinversetzen.

Eine frühzeitige Diagnose und Therapie sind wichtig für den weiteren Verlauf. Mit Blick auf den schulischen Erfolg gibt es vielfältige Hilfen, die jedoch in der Regel von den Eltern beantragt werden müssen. Das Leben mit einem autistischen Kind kann sehr herausfordernd sein. Eltern benötigen hierfür Unterstützung.

Hat mein Kind ADHS?

Die Aufmerksamkeitsdefizit-Hyperaktivitäts-Störung (ADHS) ist in den letzten dreißig Jahren sehr unterschiedlich diskutiert und zeitweise als Modekrankheit bezeichnet worden. Heute ist sie als Störung des Verhaltens anerkannt und gilt als behandlungsbedürftig. Sie ist gekennzeichnet durch die folgenden drei Merkmale:
- Unaufmerksamkeit
- Hyperaktivität
- Impulsivität

Diese drei Kennzeichen müssen in mindestens zwei verschiedenen Lebensbereichen (zum Beispiel Schule und Elternhaus), über längere Zeit (mindestens sechs Monate) und in einem das »Normale« deutlich übersteigenden Maß auftreten. Kinder, die sich nach längerem Stillsitzen bewegen möchten oder am Schulanfang nach fünfzehn Minuten konzentrierter Arbeit nicht mehr aufmerksam zuhören können, liegen hingegen absolut im Rahmen. Finden sich nur Unaufmerksamkeit und Impulsivität ohne Hyperaktivität, so spricht man von einer Aufmerksamkeitsdefizit-Störung (ADS). Kinder mit ADS erscheinen oft vergleichsweise wenig auffällig.

Etwa 5 Prozent aller Kinder sind von AD(H)S betroffen, Jungen deutlich häufiger als Mädchen. Eine sichere Diagnose kann nur in einer kinder- und jugendpsychiatrischen Praxis gestellt werden. Sie ist aufwendig und schwierig.

Bei AD(H)S wird von Hirnfunktionsstörungen ausgegangen, deren Ursachen noch nicht sicher geklärt sind. Vermutlich wirken genetische Faktoren sowie Schwangerschafts- und Geburtskomplikationen zusammen.

Defizite in der Aufmerksamkeit und ein erhöhter Bewegungsdrang werden vor allem in der Schule zum Problem. Auch im Kindergarten fallen Kinder mit ADHS auf, wenn es darum geht, im Kreis einander zuzuhören oder einer Geschichte zu lauschen. Sie unterbrechen häufig und platzen mit Antworten heraus (Impulsivität). Deutlich ist ihr Bewegungsdrang, der sich in zappeligem Verhalten, Schaukeln auf dem Stuhl oder plötzlichem Aufstehen zeigt (Hyperaktivität). Problematisch für die Schule sind auch die erhöhte Ablenkbarkeit und die fehlende Aufmerksamkeit, die dafür sorgen, dass die Kinder manches nicht mitbekommen oder nicht zu Ende bringen (Unaufmerksamkeit).

Viele Eltern mit betroffenen Kindern berichten im Rückblick, dass ihr Kind schon früh Unruhe zeigte und »schwierig« war. Sie erleben ihr Kind auch zu Hause oft als herausfordernd und erschrecken doch, wenn sich die Probleme in der Schule häufen. Sie bekommen vielleicht negative Rückmeldungen und erleben, dass ihr Kind wenig Anschluss in der Klasse findet und auch kaum zu anderen Kindern nach Hause eingeladen wird. Es häufen sich Lernschwierigkeiten und Konflikte mit anderen. Gleichzeitig fühlt sich das Kind in der Schule nicht wohl und leidet unter seinen Besonderheiten, die ihm als Defizite zurückgemeldet werden. Oft kommen weitere Schwierigkeiten dazu, insbesondere Störungen im Sozialverhalten.

Kinder mit AD(H)S benötigen professionelle Unterstützung.

Hilfreich sind zum Beispiel Trainings, mit deren Hilfe Kinder lernen, Impulse aufzuschieben und ihr Verhalten zu steuern. Auch Eltern, die mit dem herausfordernden Verhalten und den Reaktionen der Umwelt umgehen müssen, brauchen Unterstützung. Es ist nicht leicht, vor den Augen der anderen zu erleben, wie das Kind sich unangemessen verhält und auf die elterlichen Aufforderungen nicht reagiert. Betroffene Eltern spüren manchmal den imaginären Zeigefinger der anderen, der auf sie weist. Leicht entsteht hier Hilflosigkeit. Oft haben Eltern von Kindern mit ADHS auch Schuldgefühle oder sind nach Jahren des Bemühens schlicht erschöpft.

Im Jugendalter verringert sich die Hyperaktivität zumeist. Impulsivität und Aufmerksamkeitsprobleme bestehen aber in der Regel weiter. Bei günstigem Verlauf sind manchmal kaum noch Unterschiede zu Gleichaltrigen festzustellen. Teilweise kommen aber riskantes Verhalten wie beispielsweise Drogenkonsum hinzu. Immerhin 2 bis 3 Prozent der Erwachsenen leiden noch an AD(H)S. Bei ihnen zeigen sich noch immer Aufmerksamkeitsprobleme, Vergesslichkeit und beispielsweise fehlende Planung.

Eltern, deren Kind an AD(H)S leidet, sehen sich auch mit der Frage einer medikamentösen Unterstützung konfrontiert. Diese Frage ist nicht leicht zu beantworten und braucht das Gespräch mit einem Arzt oder einer Ärztin. Auch Gespräche mit Ansprechpartnern einer Beratungsstelle können für eine Entscheidungsfindung hilfreich sein.

Wenn Ihr Kind von AD(H)S betroffen ist, sollten Sie frühzeitig das Gespräch mit der Schule suchen, um das Kind zu entlasten und zu unterstützen. Insgesamt ist es wichtig, mit der Thematik offen umzugehen und die verschiedenen Beratungs- und Therapiemöglichkeiten vor Ort und in der Schule zu nutzen.

Kurzfassung »AD(H)S«

ADHS ist eine folgenschwere Störung des Verhaltens. Sie ist gekennzeichnet durch Unaufmerksamkeit, überhöhten Bewegungsdrang und Impulsivität. ADS hat dieselben Merkmale, wobei der erhöhte Bewegungsdrang fehlt.

Kinder mit AD(H)S haben in der Schule zum Teil enorme Schwierigkeiten. Vor allem Situationen, die Ausdauer und Anstrengung erfordern, sind hoch problematisch. Oft kommen Lernschwierigkeiten dazu.

Häufig finden Kinder mit ADHS in der Schule nur schwer Freunde und fühlen sich ausgegrenzt. Lehrkräfte erleben Kinder mit ADHS zumeist als schwierig und belastend.

> Kinder mit ADHS benötigen unbedingt professionelle Hilfe. Das Gespräch mit der Schule ist unerlässlich. Auch die Eltern sollten sich Unterstützung holen, um mit dem herausfordernden Verhalten des Kindes gelassener und förderlich umgehen zu können.

Ist mein Kind hochbegabt?

Wenn ein Kind sich schon im Alter von vier oder fünf Jahren selbst das Lesen, Schreiben und Rechnen mit viel Freude beigebracht hat und dann im ersten Schuljahr nach wenigen Wochen nicht mehr in die Schule möchte, kann es schlicht unterfordert und gelangweilt sein. Vielleicht erlebt es einen Unterricht ohne Anforderung und erträgt es kaum, wenn die ihm schon längst bekannten Zahlen und Buchstaben umständlich einzeln eingeführt und geübt werden. Unter Umständen zieht es sich zurück und zeigt wenig Schulfreude. Möglich ist auch, dass es seiner Langeweile beim Üben schon längst bekannter Inhalte und Verfahren durch auffälliges, störendes Verhalten zu entkommen versucht. Alle genannten Fälle können auf eine Hochbegabung hinweisen.

Doch was ist genau unter Hochbegabung zu verstehen? Tatsächlich ist diese Frage nicht so einfach zu beantworten. Im schulischen Zusammenhang geht es in der Regel um intellektuelle Hochbegabung, die in typischen Schulfächern sichtbar werden kann. Intellektuelle Hochbegabung zeigt sich insbesondere daran, dass der Wissenserwerb schnell und erfolgreich verläuft. Auch kann von Hochbegabten neues Wissen leicht in verschiedenen Zusammenhängen eingesetzt werden. Ob dabei eine erfolgreiche Schullauf-

Ist mein Kind hochbegabt?

bahn entsteht, hängt aber noch von weiteren Faktoren wie Übungsbereitschaft und Gewissenhaftigkeit ab.

Um Hochbegabungen diagnostizieren zu können, wird in der Regel ein Intelligenztest eingesetzt. Der Durchschnittswert der Bevölkerung liegt bei allen Intelligenztests bei 100. Je höher der Wert ist, desto höher ist die gemessene Intelligenz. Ab einem Wert von 130 spricht man von Hochbegabung. Anders ausgedrückt: Es werden jene Menschen als hochbegabt bezeichnet, die beim Intelligenztest in etwa zu den besten 2 Prozent der jeweiligen Altersgruppe in der Bevölkerung gehören. Sehr hohe Werte, die manchmal genannt werden (zum Beispiel 180), sind allerdings nicht seriös. Ein überraschend niedriger Wert kann auch dadurch zustande kommen, dass das Testverfahren nicht verstanden wurde oder die getestete Person aus anderen Gründen nicht gut mit den Aufgaben klarkam.

Anders als immer wieder vermutet, fallen Hochbegabte im Durchschnitt nicht durch schwieriges Verhalten auf. Im Gegenteil:

> Hochbegabte sind im sozialen Miteinander unauffällig und außerdem psychisch besonders stabil. Sie lernen leicht, merken sich die Dinge gut und sind oftmals besonders engagiert.

Ob es sinnvoll ist, ein Kind auf Hochbegabung testen zu lassen, kann nicht allgemein beantwortet werden. Sie können sich aber die Frage stellen, welches Ziel Sie mit der Testung verfolgen. Geht es darum, eine Entscheidung, wie zum Beispiel das Überspringen einer Klasse, abzusichern, kann ein Test sinnvoll sein. Andererseits fördert ein Testwert eventuell das »Schubladendenken« oder fragwürdige Vergleiche, beispielsweise zwischen Geschwistern. Wenn der erhaltene Wert keinen praktischen Mehrwert hat, dann kann vielleicht auch auf ihn verzichtet werden. Schließlich kann sich das Kind, wenn es das möchte, später immer noch testen lassen. Dazu sollte es eine fachlich anerkannte Beratungsstelle oder psychologische Praxis aufsuchen. Intelligenztests im Internet sind nicht seriös und liefen keine zuverlässigen Testwerte. In jedem Fall ist es sinnvoll, mit der Lehrkraft ins Gespräch zu kommen, ihr das Erleben des eigenen Kindes zu schildern und mit ihr zu überlegen, wie der Unterricht wieder spannend werden kann. Vielleicht helfen schwierigere Aufgaben, besondere Aufträge oder die Aufforderung, schwächere Mitschülerinnen und Mitschüler zu unterstützen. Auch eine Bücherauswahl im Klassenzimmer oder Knobelaufgaben können hilfreich sein.

Kurzfassung »Hochbegabung«

Hochbegabte Kinder erleben schulischen Unterricht oft als sehr langweilig und lehnen ihn deshalb unter Umständen ab. Manche von ihnen stören auch und versuchen so ihrer Langeweile zu entkommen. Allerdings sind die meisten Hochbegabten sozial unauffällig und psychisch besonders stabil.

Etwa 2 Prozent der Bevölkerung gelten als hochbegabt. Der jeweilige Intelligenzquotient (IQ) lässt sich mittels Intelligenztest ermitteln. Eine Testung kann beispielsweise an einer Beratungsstelle vorgenommen werden. Intelligenztests im Internet sind nicht seriös.

Hochbegabte Kinder freuen sich über herausfordernde Aufgaben und können auch beispielsweise schwächere Kinder im Unterricht unterstützen.

Soll mein Kind die Klasse wiederholen oder überspringen?

Wenn Ihr Kind mit seinem Wissen und seinen Fähigkeiten schon so weit ist, dass es sich in seiner Klasse sehr langweilt und nicht mehr wohlfühlt oder aber erhebliche Lernschwierigkeiten aufweist, dann stellt sich die Frage: Könnte das Überspringen oder Wiederholen einer Klasse eine gute Lösung sein?

Darauf eine gute Antwort zu finden, ist tatsächlich gar nicht so einfach. Dies liegt zum einen daran, dass es hier eine Rolle spielt, in welchem Alter Ihr Kind in die Schule eingetreten ist: Ist es vielleicht besonders jung? Oder zählt es zu den Älteren in der Klasse? Auch das Geschlecht des Kindes ist hier nicht unerheblich: Mit Blick auf die Entwicklungsunterschiede von Jungen und Mädchen in der Pubertät erscheint ein Überspringen durch (eher jüngere) Jungen und ein Wiederholen bei (eher älteren) Mädchen tendenziell problematisch. Allzu leicht fallen sie später aufgrund ihres Alters aus der Klassengemeinschaft heraus, weil sie deren Interessen und Vorlieben nicht teilen.

Vor allem aber hat das Wiederholen oder Überspringen einer Klasse Folgen in verschiedenen Bereichen:
- Es findet in der Regel ein Lehrerwechsel statt, der sonst nicht stattgefunden hätte.
- Das Kind muss seine bisherige Klassengemeinschaft verlassen und seinen Platz in einer neuen finden.
- Das Kind kommt zumeist in eine Klasse, deren Kinder sich im Alter von ihm unterscheiden.
- Die Schulzeit und damit letztlich die Kindheit und Jugend verkürzen oder verlängern sich insgesamt.

Dabei gilt: Ob es eine gute Idee ist, die Klassengemeinschaft und die Klassenlehrerin zu wechseln, kann nie allgemein und immer nur im konkreten Fall entschieden werden. Was im einen Fall wie eine Befreiung wirken mag, ist im anderen vielleicht eine schlimme Erfahrung. Nicht ohne Grund gibt es Schulen und Länder, in denen in der Regel keine Klassenwiederholungen stattfinden. Immer zu bedenken ist, dass eine Lehrkraft, die eine Wiederholung oder ein Überspringen empfiehlt, sich gleichzeitig auch der vielleicht anstrengenden Verpflichtung entzieht, weiterhin mit dem Kind arbeiten zu müssen. Das muss nicht, kann aber auch ein Grund für eine Empfehlung sein.

Eine Klasse wiederholen?

Die Empfehlung, eine Klasse zu wiederholen (und sonst keine Maßnahmen zu ergreifen), wird in der Regel dann ausgesprochen, wenn das Kind über erhebliche Lücken verfügt, dabei aber den Eindruck macht, den gewählten Bildungsgang erfolgreich zu Ende bringen zu können. Bei jüngeren Kindern kann durch eine Klassenwiederholung auch eine zu frühe Einschulung ausgeglichen werden.

Klassenwiederholungen finden zwar jedes Jahr nur bei ein paar Prozent der Schülerinnen und Schüler statt. Addiert man diese aber über neun, zehn, zwölf oder dreizehn Schuljahre auf, so zeigt sich, dass circa ein Viertel aller Absolventinnen und Absolventen unserer Schulen eine Klassenstufe wiederholt hat (Klemm, 2009). Dabei gibt es erhebliche Unterschiede zwischen den Bundesländern.

Je älter die Lernenden sind, desto höher ist die Wahrscheinlichkeit, dass sich ihre Leistungen in den verschiedenen Fächern deutlich unterscheiden. Dies kann im Extremfall bedeuten, dass eine Schülerin oder ein Schüler wegen eines Fachs alle Fächer wiederholen muss. Tatsächlich zeigen Untersuchungen, dass Klassenwiederholungen in aller Regel auf lange Sicht unwirksam sind und sich die Noten kaum verbessern (vgl. Tillmann, 2005). Dies hat auch damit zu tun, dass die den Lernschwierigkeiten zugrunde liegenden Probleme (zum Beispiel LRS, Rechenschwäche oder Lücken aus einem früheren Schuljahr) oftmals unbearbeitet bleiben.

Wann also kann eine Klassenwiederholung empfohlen werden? Das erscheint in diesen Fällen denkbar:

- Wurde Ihr Kind – aus späterer Sicht beurteilt – zu früh eingeschult und hat es erhebliche Lernschwierigkeiten, dann kann eine Wiederholung gleich des ersten Schuljahres sinnvoll sein.
- Wenn Ihr Kind aufgrund einer längeren Krankheit oder belastender Ereignisse in der Familie viele wichtige Inhalte nicht mitbekommen hat, dann kann eine Wiederholung ebenfalls empfohlen werden.
- Kam es zu einem Wohnort- und Schulwechsel, so kann eine Klassenwiederholung Sicherheit verschaffen.
- Wenn Ihr Kind nicht nur Lernschwierigkeiten hat, sondern auch unter diesen leidet, sich überdies in der Klasse nicht wohlfühlt und vielleicht froh ist, die Lehrerin wechseln zu können, dann kann eine Wiederholung sehr wohltuend wirken.

Selbstverständlich ist auch wichtig, wie Sie mit der Klassenwiederholung umgehen: Ist sie Ihnen unangenehm oder sehen Sie diese schlicht als Chance? Haben Sie vielleicht auch eine Klasse wiederholt und können sich hier entspannt zeigen? Oder empfinden Sie noch immer die Beschämung, die damals für Sie bestimmend war?

Eine Klasse überspringen?

Klassen werden sehr viel seltener übersprungen als wiederholt. Zu ungewiss und risikoreich erscheint vielen Eltern diese Entscheidung. Schließlich wissen sie nicht, wie sich das Lernverhalten des Kindes zukünftig entwickeln wird. Leichter wird die Entscheidung in jahrgangsgemischten Klassen getroffen, wenn Kinder die Inhalte der ersten beiden Klassenstufen wahlweise in ein, zwei oder drei Schuljahren absolvieren können.

Wann kann es sinnvoll sein, eine Klasse zu überspringen? Das erscheint denkbar, wenn Ihr Kind in allen Bereichen ohne Mühe und ohne häusliches Üben sehr gute Leistungen zeigt und außerdem noch Folgendes zutrifft:

- Ihr Kind langweilt sich im Unterricht sehr und kann mit dieser Langeweile nicht gut umgehen.
- Ihr Kind gehört vielleicht schon zu den Älteren in der Klasse und sucht auch eher Kontakt zu Älteren als zu Jüngeren.
- Ihr Kind hat in der aufnehmenden höheren Klasse schon Freunde und fühlt sich in der bisherigen Klasse nicht wohl.
- Die Lehrkraft der aufnehmenden Klasse sieht dem überspringenden Kind – mit den dann vorhandenen Lücken – wohlwollend entgegen.

Um die Entscheidung für oder gegen ein Überspringen abzusichern, kann ein Intelligenztest und überhaupt ein Beratungsverfahren sehr sinnvoll sein. Schließlich kommt es immer wieder vor, dass ein Kind, das ältere Geschwister hat, mit einem sehr großen Vorsprung im Lesen, Schreiben und Rechnen eingeschult wird und diesen Vorsprung aufgrund von Fleiß und Ehrgeiz lange hält, ihn aber im Laufe der Schuljahre langsam verliert.

In Bundesländern mit einem achtjährigen Gymnasium ist schließlich noch daran zu denken, dass das Kind nach einer verkürzten Schulzeit unter Umständen bereits mit 17 Jahren das Abitur in den Händen hält. Auch wenn es noch lange bis dahin sein mag: Manche Möglichkeiten eines Jahres zwischen Schule und Ausbildung oder Studium, insbesondere im Ausland, stehen ihm dann noch nicht offen.

> **Kurzfassung »Wiederholen oder Überspringen«**
>
> Die Frage, ob das Wiederholen oder Überspringen einer Klasse sinnvoll ist, kann nicht so einfach beantwortet werden. Schließlich geht es nicht nur um das Bewältigen der Lerninhalte. Mit dem Wiederholen oder Überspringen verlässt das Kind auch die bisherige Klassengemeinschaft und befindet sich anschließend in einer anderen Lern- und Altersgruppe. Während manche Kinder dies als große Chance empfinden, erleben andere diesen Wechsel als schwerwiegende Belastung.
>
> Untersuchungen zeigen, dass Klassenwiederholungen zumeist nicht die gewünschte Wirkung bringen. Wenn dennoch eine Klassenwiederholung angedacht ist, dann sollte sie in der Regel eher früher als später stattfinden.
>
> Hilfreich für die Entscheidungsfindung sind Gespräche mit den Lehrkräften und häufig ein Beratungsverfahren, das auch einen Intelligenztest enthält.

Hilft Nachhilfe?

Wenn sich bei einem Kind Lücken auftun, so überlegen sich Eltern oftmals, ob Nachhilfe eine gute Lösung sein könnte. Besonders naheliegend erscheint Nachhilfe dann, wenn sich Ihr Kind von Ihnen nicht gerne helfen lässt oder Sie sich diese Hilfe nicht zutrauen. Letzteres ist vielleicht dann der Fall, wenn Sie Ihre Schulbildung in einem anderen Land erhalten haben.

Tatsächlich findet Nachhilfe in Deutschland relativ oft statt. Dabei gibt es erhebliche Unterschiede zwischen den Bundesländern. In vielen Städten sind mehrere Institute in guten Lagen vorhanden, die Nachhilfe als allgegenwärtig erscheinen lassen. Schätzungen gehen davon aus, dass jeder dritte bis vierte Schüler im Laufe seiner Schulzeit bezahlte Nachhilfe in Anspruch genommen hat. Etwa jeder zehnte Schüler, jede zehnte Schülerin bekommt aktuell Nachhilfeunterricht erteilt. Der Schwerpunkt liegt in der Sekundarstufe und bei den Fächern Mathematik, Englisch und Deutsch. Häufig geht es darum, in die nächste Klasse versetzt zu werden. In der vierten Klasse steht der Übergang auf die weiterführende Schule im Zentrum. Später ist der Abschluss das wichtigste Ziel. Oftmals geht es auch darum, Lücken zu schließen oder die Noten zu verbessern.

Ist Nachhilfeunterricht für mein Kind sinnvoll?

Untersuchungsergebnisse zur Frage, ob Nachhilfeunterricht tatsächlich hilft, sind unterschiedlich. Es gibt sowohl Studien, die der Nachhilfe eine Wirksamkeit auf die Fachleistung bzw. die Noten zuschreiben (zum Beispiel Haag & Streber, 2013), als auch Studien, die keinen Effekt nachweisen (zum Beispiel Luplow & Schneider, 2014). Ob eher Nachhilfeinstitute oder eher private Nachhilfelehrkräfte erfolgreich sind, kann derzeit nicht entschieden werden. Wichtig sind letztlich immer die folgenden drei Aspekte: die Kompetenz der Lehrkraft, ob sie einen guten Zugang zum Kind findet und ob dieses bereit ist, sich anzustrengen.

Nachhilfe kostet Zeit und Geld. In der Bundesrepublik wird pro Jahr ca. eine Milliarde Euro für Nachhilfe ausgegeben. Manche Schätzungen liegen auch darüber. Eltern, die ihrem Kind Nachhilfe finanzieren, geben zumeist 50 bis 100 Euro monatlich dafür aus. Pro Stunde (45 oder 60 Minuten) müssen Sie je nach Qualifikation der Lehrkraft mit etwa 10 Euro (Schülerinnen und Schüler, Studierende) bis über 20 Euro (examinierte Lehrkräfte) rechnen. Es besteht auch die Möglichkeit, einen Antrag auf Kostenerstattung nach dem Bildungs- und Teilhabegesetz zu stellen. Wird diesem stattgegeben, so werden mit staatlichen Geldern private außerschulische Nachhilfeanbieter finanziert. Etwa 700 000 private Nachhilfelehrkräfte und circa 50 000 zumeist nebenberufliche Lehrkräfte in Nachhilfeinstituten arbeiten auf dem Nachhilfemarkt. Sie sind vornehmlich ausgebildete Lehrkräfte, Referendarinnen und Referendare, Studierende sowie fachlich gebildete Personen.

In der Regel umfasst die wöchentliche Nachhilfe zwei Stunden. Ihr Kind verliert mit dem Nachhilfeunterricht zumeist einen freien Nachmittag. Besucht es eine Ganztagsschule, so muss es am späteren Nachmittag, wenn es eigentlich schon müde nach Hause gehen möchte, noch zum Nachhilfeunterricht. In anderen Ländern hingegen, zum Beispiel in Finnland, Kanada oder den Niederlanden, findet individuelle Förderung in der Schule statt und lässt privat bezahlte Nachhilfe überflüssig werden. Diese Lösung wäre auch für die Bundesrepublik wünschenswert. Immerhin gibt es an manchen Schulen kostenlosen Förderunterricht oder kostenarme Unterstützung.

Die Frage, ob Nachhilfeunterricht empfohlen werden kann, ist also nicht leicht zu beantworten. Nachhilfe kann, sofern sie finanziell möglich ist, eine gute Lösung bei eher älteren Schülerinnen und Schülern sein, die zielbezogen ihre Leistungen von sich aus verbessern möchten. In der Grundschule kann Nachhilfe beispielsweise dann nützlich sein, wenn das Kind in einem Teilbereich oder für begrenzte Zeit Unterstützung benötigt und diese auch gerne annimmt. Dies ist beispielsweise nach einem Umzug oder einer längeren Krankheit möglich. Nachhilfe als Dauerlösung für einen höheren Schulabschluss erscheint hingegen problematisch.

Wie finde ich eine gute Nachhilfelehrkraft?

Wenn sich im Bekanntenkreis kein guter Tipp findet, können Sie auch die Lehrkraft nach einer Empfehlung fragen. Dies bringt zudem den Vorteil mit sich, dass Lehrkraft und Nachhilfelehrkraft sich gleich zu Beginn unkompliziert austauschen und gemeinsam einen Lernplan überlegen können. Schwierig bei einer Suche ist die Tatsache, dass es keine klaren Festlegungen über die Qualifikationen von Nachhilfelehrkräften und -instituten gibt. Es sind weder bestimmte Ausbildungs- oder Studiengänge vorgeschrieben noch liegen klare Vorgaben für Institute vor.

Folgende Punkte können Sie bei der Suche nach einer Nachhilfelehrkraft überlegen:

- Über welche Qualifikation verfügt die Nachhilfelehrkraft?
- Hat sie schon Erfahrung?
- Ist die Lehrkraft mir und meinem Kind sympathisch?
- Kommt sie gut mit meinem Kind zurecht?
- Ist sie bereit, das Gespräch mit der Schule zu suchen?
- Bietet sie Gespräche mit den Eltern an?
- Handelt es sich um Einzel- oder Gruppennachhilfe?
- Ist bei einer Gruppennachhilfe die Gruppe klein genug (je nach Gebühr 3 bis 5 Lernende) und passen die Kinder mit ihren Schwierigkeiten zusammen?
- Können wir ein oder zwei Probestunden vereinbaren?
- Wie sehen die Kündigungsmodalitäten aus? Kann monatlich oder mindestens vierteljährlich gekündigt werden?
- Wie viel kostet eine Stunde und wie lange (45 oder 60 Minuten) dauert diese?
- Welche Tage bzw. Termine sind möglich?
- Wo findet der Nachhilfeunterricht statt? Ist der Raum geeignet?

Gerade die Nachhilfekraft für ein Grundschulkind sollte besonders hoch qualifiziert sein.

Ältere Schülerinnen und Schüler können irgendwann selbst formulieren, was sie nicht verstanden haben, und sich bei älteren Lernenden an ihrer Schule oder auch bei Online-Angeboten Hilfe suchen. Schulanfänger hingegen benötigen eine Person, die das Lernen und

Üben in die Hand nimmt, Probleme erkennt und Wege aufzeigt. Dies geht in der Regel nur mit einem entsprechenden Studium.

> **Kurzfassung »Nachhilfeunterricht«**
>
> Etwa jeder dritte bis vierte Schüler erhält im Laufe seiner Schulzeit Nachhilfeunterricht. In der Grundschule kommt Nachhilfe aber vergleichsweise selten vor.
> Die Untersuchungsergebnisse zur Frage, ob Nachhilfe wirksam ist, sind uneinheitlich. Es gibt aber einige Hinweise darauf, dass Nachhilfe hilft. Entscheidend dabei sind die fachlichen und menschlichen Qualitäten der Nachhilfelehrkraft und auch die Bereitschaft des Kindes, sich zu verbessern.
> Nachhilfe kostet Geld und Zeit. Deshalb sollte immer gut überlegt werden, ob diese im konkreten Fall die richtige Lösung ist.
> Die Qualität von Nachhilfe unterliegt keiner Kontrolle. Prüfen Sie deshalb selbst aufmerksam: Die Nachhilfelehrkraft für ein Grundschulkind muss hoch qualifiziert sein und zu seinen individuellen Möglichkeiten und Schwierigkeiten passen. Hilfreich können ein oder zwei Probestunden sein.

Sind Lerntrainer und Lernsoftware eine gute Lösung?

Die Auswahl ist riesig und die Titel sind vielversprechend. Letztere wirken einladend und klingen mit »Spaß«, »Sieger«, »leicht« oder »einfach« nach viel Erfolg und wenig Arbeit. Damit erscheinen sie als die Lösung schlechthin. Doch ist dies auch so? In welchen Fällen können Lerntrainer in Buchform oder als Software eine gute

Lösung bei Lernschwierigkeiten sein? Legen Sie Ihr Augenmerk bei der Beantwortung dieser Frage insbesondere auf zwei Punkte:

Achten Sie auf die fachliche Qualität des jeweiligen Produkts und auf die passende Auswahl des Lerntrainers zur spezifischen Schwierigkeit Ihres Kindes.

Wie erkenne ich, ob ein Lerntrainer hochwertig ist?

Es ist für Eltern ohne entsprechende Vorbildung schwierig, die Qualität eines Lerntrainers in Buchform oder als Software sicher einzuschätzen. Die folgenden Kriterien können dabei helfen:

- Was wird als Lernziel angegeben? Welche Punkte finden sich im Inhaltsverzeichnis? Passt der Inhalt des Produktes zum angegebenen Lernziel?
- Für welches Alter bzw. welche Klassenstufe ist der Lerntrainer geeignet?
- Welche Voraussetzungen sind nötig, um den Lerntrainer nutzen zu können?
- Kann mein Kind mit dem Lerntrainer auch alleine arbeiten?
- Wie viel Zeit benötigt die Bearbeitung der einzelnen Aufgaben?
- Erscheint der Lerntrainer motivierend, übersichtlich und verständlich?
- Sind die Lösungen in einem gesonderten Teil aufgeführt, sodass diese nachgeschlagen werden können?
- Kann ins Buch geschrieben werden? Bleibt es offen auf dem Tisch liegen?
- Stehen Inhalt und Preis in einem annehmbaren Verhältnis zueinander?
- Ist der Lerntrainer in einem anerkannten Verlag erschienen? Wird er mir vom Fachhandel empfohlen?

Für Lernsoftware kommen noch weitere Kriterien hinzu:
- Wie leicht ist die Führung durch das Programm zu verstehen?
- Kann eine Übung vorzeitig beendet werden?
- Kann eine Übung unterbrochen und ein Zwischenstand abgespeichert werden?
- Kann ein eingegebener Befehl rückgängig gemacht werden?
- Gibt es eine sofortige Lernkontrolle?
- Bietet das Programm bei unterschiedlichen Fehlern unterschiedliche Hilfestellungen an?
- Passt sich das Programm dem Lernfortschritt des Kindes an?

Am besten geeignet ist häufig ein Lerntrainer, der sich direkt auf das Lehrwerk bezieht, welches in der Schule verwendet wird. Besonders jüngeren Kindern mit Lernschwierigkeiten hilft es außerordentlich, wenn ihnen der Wortschatz, die Schrift, die Themen und die gesamte Aufmachung bereits bekannt sind.

Welcher Lerntrainer kann meinem Kind helfen?

Auch ein ausgezeichneter Lerntrainer kann nur dann seine Wirkung entfalten, wenn er vom Kind angenommen und durchgearbeitet wird und sich direkt auf seine Schwierigkeiten bezieht. Dies ist jedoch, vor allem in der Grundschule, überhaupt nicht selbstverständlich. Die wenigsten Kinder wollen sich freiwillig und zusätzlich mit einem Lernprogramm zu ungeliebten Dingen befassen.

Einen Lerntrainer zu einem Bereich durcharbeiten, der schwerfällt, gelingt am ehesten in Kooperation mit der Lehrkraft oder im Rahmen eines Nachhilfeunterrichts. Manchmal kommt es auch tatsächlich vor, dass ein Kind mit einer bestimmten Schwäche in einem Bereich sich selbst verbessern möchte und froh über einen entsprechenden Lerntrainer ist. Kinder bevorzugen dann oft das Arbeiten am Computer, sofern die Software gut gemacht ist.

Damit ein Lerntrainer tatsächlich hilft, muss er sich auf die konkreten Schwierigkeiten des Kindes beziehen. Hier sollte man genau hinschauen. So macht es beispielsweise überhaupt keinen Sinn, komplizierte Rechenaufgaben anzubieten, wenn es noch Schwierigkeiten mit dem Zahlbegriff gibt. Auch eine Stärkung der Lernmotivation wird kaum über hübsche Geschichten und lustige Cartoons gelingen, wenn sich das Kind in der Klasse nicht wohlfühlt oder überfordert ist. Wenn das Programm nicht zu den individuellen Lernschwierigkeiten passt und das Kind auch gar nicht zusätzlich üben möchte, dann erscheint ein Lerntrainer wenig sinnvoll. Hier ist grundlegende Skepsis angebracht.

Kurzfassung »Lerntrainer und Lernsoftware«

Lerntrainer und Lernsoftware erscheinen Eltern oft als gute Lösung: Sie sind einfach und günstig zu erwerben.

Dabei ist der Erfolg von Lerntrainern, gerade in der Grundschule, in der Regel begrenzt. Damit ein Lerntrainer in gedruckter oder digitaler Form helfen kann, muss er qualitativ hochwertig sein. Kriterien hierfür sind zum Beispiel Übersichtlichkeit und die Möglichkeit der Lernkontrolle. Der Lerntrainer muss sich möglichst exakt auf die Schwierigkeiten des Kindes beziehen, von diesem akzeptiert und durchgearbeitet werden.

Wo bekomme ich Unterstützung?

Wenn es zu Schwierigkeiten in der Schule kommt, dann führt der erste Weg in der Regel zur Lehrkraft – sofern diese nicht Teil des

Problems ist. Weitere Anlaufstellen in der Schule sind für Eltern – je nach Schule und Bundesland – die Schulsozialarbeit, die Beratungslehrkraft oder die Schulpsychologie sowie die Schulseelsorge. Dort bekommen Sie Beratung und Unterstützung vertraulicher Art. Sie können dann selbst entscheiden, wer an der Schule über die Schwierigkeiten informiert werden soll und wie es weitergehen kann.

Bei Problemen mit einer Lehrkraft kann es auch sinnvoll sein, sich an die Schulleitung zu wenden. Kommen Sie mit der Schulleitung nicht weiter oder ist diese Teil des Problems, dann ist die nächsthöhere Behörde (Ministerium, Schulamt) die richtige Adresse. Dorthin sollten Sie sich allerdings nur wenden, wenn Sie die anderen Möglichkeiten bereits ausgeschöpft haben.

Wenn es darum geht, ein Projekt an der Schule anzustoßen und beispielsweise eine LRS-Förderung einzurichten, dann kann auch der Elternbeirat oder der Förderverein der Schule eine geeignete Adresse sein.

Wer unabhängig von der Schule Beratung und Hilfe möchte, kann sich an eine Beratungsstelle wenden. Beratungsstellen bieten insbesondere Städte, Landkreise oder Kirchen sowie beispielsweise die Arbeiterwohlfahrt und der Paritätische Wohlfahrtsverband an. Sie heißen zum Beispiel »Bildungsberatungsstelle«, »Psychologische Beratungsstelle«, »Jugend- und Familienberatung« oder »Erziehungsberatungsstelle«. Die Unterstützung dort ist kostenlos und vertraulich. Ein erstes Gespräch ist in der Regel relativ kurzfristig möglich und hat den Vorteil, dass nur beraten wird und, anders als in kommerziellen Instituten, keine Angebote verkauft werden.

Darüber hinaus kann auch qualifizierte Online-Beratung in Anspruch genommen werden (vgl. Anhang). Auch wenn diese im Vergleich zu einer persönlichen Beratung nur die zweite Wahl darstellt, so kann sie für berufstätige und hoch belastete Eltern hilfreich sein und auch einen ersten Zugang zum schwierigen Thema bedeuten.

Mein Kind möchte nicht mehr zur Schule gehen

Nach dem Schulanfang, einem Lehrerwechsel oder scheinbar aus heiterem Himmel kann es geschehen, dass ein Kind nicht mehr in die Schule gehen will. Vielleicht hat auch Ihr Kind morgens Bauchschmerzen oder mittags Kopfschmerzen oder sagt ganz direkt, dass es zu Hause bleiben und nicht in die Schule gehen möchte. Dies kann eine hoch problematische Situation werden und Sie fragen sich dann: Wie gehe ich damit um? Welche Reaktion ist übertrieben, welche ist dringend notwendig? Was erfahre ich von meinem Kind, was sagt es nicht? Soll ich sofort handeln oder lieber erst abwarten? Was hilft?

Was kann ich bei Schulangst und Schulverweigerung tun?

Die Ursachen für Schulangst und Schulverweigerung können sehr unterschiedlich sein. Möglich ist, dass eine der im vorigen Kapitel beschriebenen Lernstörungen besteht. Das Kind fühlt sich überfordert und hat viele Misserfolgserlebnisse. Es ist in Gefahr, zunehmend Selbstzweifel und Versagensängste zu entwickeln, und verändert sein Verhalten. Lern- und Verhaltensstörungen verstärken sich dann gegenseitig. In einem solchen Fall ist es wichtig, dass Sie frühzeitig handeln, um Ihr Kind zu entlasten und ihm zu helfen (vgl. Kapitel »Lernprobleme«). Ebenso ist es denkbar, dass ein Kind mit besonderem Förderbedarf zwar zusätzliche Unterstützung bekommt, diese ihm aber nicht ausreicht oder nicht wirklich hilft. Es erlebt sich vielleicht als Außenseiter, kommt mit der Sonderpädagogin oder der Schulbegleitung nicht zurecht und ist am Ende des Schultages von den vielfältigen Anforderungen erschöpft. Auch hier ist es wichtig, dass Sie als Eltern den Kontakt zur Schule frühzeitig herstellen bzw. aufrechterhalten und die Situation aus Ihrer Sicht schildern.

Manchmal sind die schulischen Probleme an und für sich auch eher klein. Diese werden vielleicht deshalb aktuell nicht mehr ausreichend bewältigt, weil es in anderen Lebensbereichen Schwierigkeiten gibt. Wenn sich Eltern trennen oder auch neu verlieben, wenn eine Suchterkrankung in der Familie vorliegt, wenn Geschwister schwer krank werden oder ein Umzug ansteht, dann kann es geschehen, dass das Kind damit sehr beschäftigt ist. Es hat dann keine Kraft mehr, um sich noch konzentriert mit schulischen Inhalten auseinanderzusetzen. Vielleicht möchte es auch zu Hause bleiben, weil es fürchtet, dass dort in seiner Abwesenheit etwas geschieht, das es vermeiden will. In diesem Fall ist es wichtig, sich Zeit für das Kind zu nehmen und mit ihm ins Gespräch zu kommen. Dabei können Sie ihm erklären, wie Sie die Situation sehen: »Ich weiß, dass du dir große Sorgen um deinen Bruder machst. Aber es ist nicht deine Aufgabe, nach ihm zu schauen. Du kannst ruhig in die Schule gehen und dich um dich selbst kümmern. Du darfst auch ganz viel Spaß haben, wenn es deinem Bruder schlecht geht. Das ist völlig in Ordnung.«

Manche Kinder, denen es psychisch nicht gut geht, machen sogar nachts wieder ins Bett, obwohl sie schon lange »trocken« waren. Dieses Einnässen wird in der Regel als sehr unangenehm erlebt, und die Kinder vermeiden dann unter Umständen auch mehrtägige Ausflüge und Freizeiten, auf die sie sich eigentlich freuen würden. Sie trinken abends nichts mehr, weil sie meinen, sie könnten so ihrem Problem vorbeugen. Nächtliches Einnässen ist jedoch fast immer ein Alarmzeichen, das auf eine andere Problematik verweist, und kann nicht willentlich beeinflusst werden. Keine Sorgen machen müssen sich übrigens Eltern, deren Kind am Schulanfang nachts noch eine Windel benötigt, weil es einen ausgesprochen tiefen Schlaf hat. In aller Regel erledigt sich dieses Problem im Laufe der körperlichen Entwicklung während der Grundschulzeit von alleine.

In einigen Fällen kommt ein Kind mit den Eigenheiten der Schule nicht zurecht. Das kann daran liegen, dass es zuvor nicht in einer Kindertagesstätte war, sehr schüchtern ist oder ein hohes Bewegungsbedürfnis hat. Es kann auch sein, dass die Schule strikte Regeln hat und den jungen Kindern wenig entgegenkommt.

Die herausfordernden Eigenheiten der Schule können sein:
- Eine erwachsene Bezugsperson ist für 25 und mehr Kinder zuständig.
- Essen, Trinken und Toilettengänge sind nur zu bestimmten Zeiten möglich.
- Sprechen und Bewegen ist nur im vorgegebenen Rahmen erlaubt.
- Bestimmte Aufgaben werden im Gleichschritt von allen erledigt; schnelleres oder langsameres Arbeiten wird nicht gestattet.
- Aufgaben müssen nach vorgegebenen Kriterien erledigt werden.
- Wer etwas Unerlaubtes tut, wird vor allen ermahnt.
- Nicht gelungene Aufgaben werden kritisiert und müssen eventuell nochmals angefertigt werden.
- Das große Schulgebäude verlangt eine gute Orientierung.
- In der großen Pause/Bewegungspause sind beispielsweise 300 Kinder gleichzeitig mit nur zwei Lehrkräften auf dem Pausenhof.

Um mit diesen und anderen Eigenheiten der Schule klarzukommen, müssen Kinder sehr schnell erfassen, was gerade von ihnen erwartet wird. Sie müssen sich zwischen den anderen Kindern behaupten, aber auch ihre eigenen Bedürfnisse zurückstellen und Enttäuschungen aushalten können. Das ist im Grundschulalter nicht einfach. Wenn Sie merken, dass Ihrem Kind die eine oder andere Anforderung noch sehr schwerfällt, kann zunächst einmal ein Gespräch mit ihm hilfreich sein. Eventuell zeigt sich dann, dass ein Termin bei der Lehrkraft ratsam ist. Kommen Sie auf diesem Wege nicht weiter, können Sie sich an weitere zuständige Stellen wenden (siehe voriges Kapitel).

Was kann ich bei Schwierigkeiten mit der Klasse tun?

In der Schule keine Freunde zu haben, kann eine schlimme Erfahrung sein. Ein Kind, neben dem niemand sitzen möchte, erlebt sich als unerwünscht. Unbedachte Bemerkungen der anderen können dieses Erleben noch verstärken. Manche Kinder ziehen sich dann zurück, um zu zeigen, dass sie angeblich gar nichts mit den anderen zu tun haben möchten. Vielleicht wollen sie sich durch den Rückzug auch möglichen Schwierigkeiten entziehen. Andere werden auffällig, um wahrgenommen zu werden. Wieder andere reagieren aggressiv und schlagen zurück, um sich als stark zu erleben. In jedem Fall geht es dem Kind, das keinen Anschluss in der Klasse findet, nicht gut. Es braucht Unterstützung.

Wenn Sie den Eindruck haben, dass Ihr Kind in der Klasse isoliert ist, dann ist es wichtig, mit der Lehrkraft zu sprechen. Sie kann überlegen, wie sie das Kind stärken und in die Gemeinschaft integrieren kann. Vielleicht ändert sie die Sitzordnung oder verteilt Aufgaben in der Klasse neu. Umgekehrt können Sie aber auch für Ihr Kind sprechen, wenn es gut integriert und leistungsbereit ist und ihm deshalb zu viel zugemutet wird. So nahm beispielsweise Sofia die ihr aufgetragene Aufgabe zu ernst und stellte ihre eigenen Bedürfnisse zu sehr zurück:

> *Sofia ging von Anfang an gerne in die Schule und hatte Freude am Schreiben und Üben. Hausaufgaben hatte sie fast nie, weil sie mit ihren Übungen zumeist in der Schule fertig wurde. Seit einigen Tagen kommt sie nicht mehr so ausgeglichen wie früher nach Hause. Auch muss sie neuerdings Hausaufgaben machen. Schließlich berichtet sie, dass es eine neue Sitzordnung gibt. Sie wurde zwischen zwei Jungen mit Lern- und Verhaltensschwierigkeiten platziert. Ihre Freundin sitzt an einem anderen Tisch. Daniel auf ihrer rechten Seite nimmt ständig ihre Stifte aus ihrem Mäppchen und stört sie beim Arbeiten. Auf die Frage, warum sie bislang nichts zur Lehrerin gesagt habe, antwortet sie: »Frau Wandel sagte, wir sollen uns gut um Dani und Halil kümmern, bis es mit ihnen besser wird.«*

Von sehr wenigen Ausnahmen abgesehen sollten Sie Ihr Handeln immer vorab mit Ihrem Kind besprechen. Handeln Sie hingegen eigenmächtig oder sogar gegen den Willen Ihres Kindes, so wird es Ihnen später vielleicht nichts mehr anvertrauen. Ziel sollte aber immer sein, dass Ihr Kind lernt, zunehmend für sich selbst zu sprechen und seine Schwierigkeiten selbst zu bewältigen. Es ist nicht sinnvoll, das Kind vor allem bewahren zu wollen und ihm alle Steine aus dem Weg zu räumen.

Berichtet Ihnen Ihr Kind allerdings sehr belastende Ereignisse, so müssen Sie handeln. Dies kann beispielsweise bei Mobbing wichtig sein. Hier wird ein Kind von einem anderen Kind über längere Zeit immer wieder geärgert, belästigt, bedroht oder lächerlich gemacht. Es wird unter den Augen der anderen systematisch erniedrigt und ausgegrenzt.

> Mobbing ist kein Problem zwischen zwei Kindern, sondern betrifft die ganze Klasse, die zuschaut oder mitmacht.

Prinzipiell kann jedes Kind Zielscheibe von Mobbing-Aktivitäten werden. Möglicherweise ist der Lehrkraft das Ausmaß der Probleme gar nicht klar, weil Mobbing häufig für sie kaum sichtbar in den Pausen oder nach der Schule stattfindet. Eventuell verstärkt die Lehrkraft das Mobbinggeschehen durch unbedachte Äußerungen sogar. Am Ende der Grundschulzeit können auch schon elektronische Medien mit beschämenden Videos eine Rolle spielen.

Bei Mobbing ist es wichtig, dass die Lehrkraft das Problem gründlich thematisiert und mit der ganzen Klasse arbeitet. Nicht nur der sogenannte Täter muss in den Blick genommen werden, sondern auch alle anderen in der Klasse. Damit sich die Situation bald ändert, sind unbedingt auch die Fachlehrkräfte sowie die Pausenaufsicht, die Schulsozialarbeit und andere betreuende Personen in die Problemlösung miteinzubeziehen. Keinesfalls sollten Eltern warten, ob sich die belastende Situation von selbst beruhigt. Mobbingopfer leiden oft sehr stark und lange unter den gemachten Erfahrungen. Sie können nicht mehr gut lernen und entwickeln vergleichsweise häufig psychische Störungen. Manche öffnen sich erst sehr spät, weil sie meinen, selbst schuld zu sein. In der kindlichen Logik kann dies vor allem dann der Fall sein, wenn sich das Schikanieren vordergründig auf ein Merkmal bezieht, mit dem sich das Kind tatsächlich von anderen unterscheidet und das es selbst als negativ erlebt: also beispielsweise das Aussehen, vorhandenes Übergewicht oder ein Sprachproblem. Deshalb ist es sehr wichtig, dass Sie im Falle eines Falles Ihrem Kind bei entsprechenden Berichten gut zuhören und seine Erzählungen ernst nehmen.

Abzuraten ist von einem vorschnellen Wechsel in eine andere Klasse. Dies kann nämlich durchaus als Sieg des mobbenden Schülers und als Niederlage des betroffenen Kindes begriffen werden. Ein Klassen- oder Schulwechsel ist tatsächlich das letzte Mittel, das angewendet werden sollte.

Auch das mobbende Kind benötigt Hilfe. Seine aggressiven Handlungen wirken sich ebenfalls ungünstig auf seine eigene Zukunft aus. Es besteht ein deutlich erhöhtes Risiko, später straffällig zu werden. Eltern, die hören müssen, dass ihr Kind andere mobbt, können das teilweise nur schwer glauben. Es ist auch nicht einfach zu erfahren, dass das eigene Kind andere schikaniert. Eltern kennen zunächst nur die Sicht ihres Kindes und dessen Erleben. Dennoch führt letztlich kein Weg an der Auseinandersetzung vorbei. Damit diese gelingt, ist es sinnvoll, sich an kompetente Personen der Schulsozialarbeit, Schulpsychologie oder Schulseelsorge zu wenden. Diese können ohne jede Schuldzuweisung überlegen, wie ein guter Weg für das Kind aussehen könnte. Sie unterliegen übrigens der Schweigepflicht.

Was kann ich bei Schwierigkeiten mit der Lehrerin tun?

Bisher lautete die erste Empfehlung bei Problemen fast immer, zunächst einmal das Gespräch mit der Lehrkraft zu suchen. Doch was können Sie tun, wenn die Lehrerin oder der Lehrer selbst das Problem ist? Wie gehen Sie damit um, wenn Ihr Kind von Ungerechtigkeiten, Verletzungen und Beschämungen berichtet? Welche Möglichkeiten haben Sie, wenn die Anforderungen zu hoch sind oder der Unterricht andere gravierende Mängel hat?

Auch in diesem Fall tun Sie gut daran, erst einmal mit der Lehrkraft zu sprechen. Vielleicht verstehen Sie dann die Schwierigkeiten Ihres Kindes besser, vielleicht lösen sich die Probleme aber auch auf. Lassen Sie sich zuvor von Ihrem Kind möglichst genau schildern, was es ärgert, ängstigt oder verletzt hat. Nehmen Sie seine Gefühle ernst und sagen Sie nicht einfach: »Das ist doch nicht schlimm!«

Was kann ich bei Schwierigkeiten mit der Lehrerin tun?

> *Nina berichtet zu Hause immer wieder unglaubliche Dinge von der Musiklehrerin. Diese scheint sehr launisch zu sein und immer wieder auch grob verletzend. Einmal schrie diese Lehrerin ein Kind, das sein Notenheft nicht dabeihatte, an und bezeichnete es als »nutzloses Ding«. Nina war darüber sehr erschrocken und versucht seither im Unterricht möglichst wenig aufzufallen. Doch was sie dieses Mal ihrer Mutter erzählt, ist wirklich die Höhe: »Bei uns im Musikunterricht waren so viele schlecht gelaunt oder ängstlich, keiner war fröhlich. Da verlangte Frau J., dass wir uns mit Tesa die Mundwinkel hochkleben sollten: Sie wollte lieber in lauter lächelnde Gesichter schauen, das würde ihr besser gefallen.« Ninas Mutter ist entsetzt und will sofort die Lehrerin zur Rede stellen. Doch Nina fängt zu weinen an, weil sie Angst vor der Reaktion der Lehrerin hat: »Das lässt sie dann alles an mir aus!« Schließlich einigen sich Nina und ihre Mutter darauf, dass die Elternvertreterin die Schulleitung informiert. Diese ist letztlich froh darüber, nun etwas Konkretes bezüglich der seit Langem als schwierig bekannten Kollegin in der Hand zu haben.*

Erscheint Ihnen eine Lehrkraft hoch problematisch, weil sie beispielsweise das Selbstvertrauen Ihres Kindes beschädigt hat oder Ängste schürt, so führt der nächste Weg zur Schulleitung. Wenn vermutlich die ganze Klasse unter dieser Lehrkraft leidet, ist es zumeist günstig, sich wie Ninas Mutter an die Elternvertretung der Klasse zu wenden. Fühlen Sie sich von der Schulleitung nicht verstanden, so können Sie entweder mit der Schulsozialarbeit Kontakt aufnehmen oder sich an die nächsthöhere Dienststelle wenden. Dies sollte allerdings immer das letzte Mittel sein.

Ein besonders sensibler Ort ist auch der Schulsport. Hier können die Körper nicht hinter Tischen versteckt werden. Der eigene Körper ist den Blicken anderer ausgeliefert und steht im Zentrum des Interesses. (Vermeintliches) Übergewicht, eine Hautveränderung oder andere körperliche Auffälligkeiten können belasten. Schon im späten Grundschulalter spüren Kinder die Erwartung der Gesellschaft, einen perfekten Körper zu haben. Vor allem Mädchen betrachten sich kritisch, ganz besonders im Schwimmsport. Hier können Bemerkungen und Berührungen von Lehrkräften hoch problematisch sein. Viele Erwachsene erinnern sich noch Jahrzehnte später an beschämende Situationen und Bemerkungen im Schwimm- und Sportunterricht. Sie berichten davon, wie sie auf dem Sportplatz als Letzter der Klasse völlig verschwitzt ihre Runden vor den Augen der anderen fertig laufen mussten. Sie denken noch daran, wie sie bei der Mannschaftswahl übrig blieben und der Lehrer fragte: »Welche Mannschaft nimmt noch den Thomas?« – Sportlehrkräften ist oft nicht klar, wie ihr Unterricht von weniger geschickten, ängstlichen oder übergewichtigen Kindern erlebt wird. Sie gehen von sich aus und verweisen auf die Wirkung des Trainings. Leidet Ihr Kind unter den unsensiblen Bemerkungen der Sportlehrkraft, so ist es sinnvoll, vom Erleben des Kindes zu berichten und um mehr Zurückhaltung und Feingefühl zu bitten.

Das Wichtigste in Kürze

Es passiert immer wieder, dass ein Kind nicht mehr in die Schule gehen will. Oft werden Ängste an Symptomen wie Kopf- und Bauchschmerzen deutlich. Die Gründe für Schulangst und Schulverweigerung sind vielfältig:
- Dem Kind fällt es schwer, sich zu behaupten oder seine Bedürfnisse zurückzustellen.
- Das Kind findet keinen Anschluss in der Klasse.
- Das Kind wird gemobbt.
- Die Lehrkraft verhält sich hoch problematisch.

Es ist wichtig, dass Sie in einem solchen Fall Ihrem Kind gut zuhören, sein Erleben ernst nehmen und dann mit ihm zusammen überlegen, wie es weitergehen kann. Bei Mobbing muss gehandelt werden.

Und meine eigenen Grenzen?

Von Eltern, vor allem von Müttern, wird viel erwartet. Dabei werden auch immer wieder einander widersprechende Erwartungen benannt. In den Augen ihrer Kritiker machen Eltern immer etwas falsch. Begriffe wie Rabenmutter, Helikoptereltern und Latte-macchiato-Mutter zeigen an, was der Gesellschaft verdächtig ist und was sie diskutiert: Eltern kümmern sich zu wenig oder zu viel oder nehmen das Kümmern zu leicht. In der Tat gibt es kein eindeutig richtiges Maß an Begleitung und Unterstützung. Da ist es hinterher leicht zu sagen, dass zu viel oder zu wenig getan wurde oder einfach das Falsche.

Vielleicht haben auch Sie wie so viele andere Mütter und Väter ein beständig schlechtes Gewissen, weil Sie nicht allen an Sie herangetragenen Ansprüchen gerecht werden können. Hat Ihr Kind Schwierigkeiten in der Schule oder macht es welche, dann treffen kritische Rückfragen Sie unter Umständen heftig: »Machen Sie keine Tischspiele mit Ihrem Kind?« – »Vielleicht können Sie einfach nicht loslassen?« – »Haben Sie eigentlich einen festen Tagesablauf?«

Nicht-Eltern oder Eltern gesunder und leistungsstarker Kinder haben manchmal kaum eine Vorstellung davon, was Eltern von Kindern mit Schwierigkeiten täglich leisten und was sie sich anhören müssen.

Wie geht es mir, wenn mein Kind Schwierigkeiten hat?

Eltern von Kindern mit Verhaltensschwierigkeiten leisten zum Teil Unvorstellbares. Manche müssen schon Scherben in der Küche aufkehren, bevor sie ihr eigenes Frühstück zubereiten können. Oder sie hören die ersten Streitigkeiten zwischen ihren Kindern, bevor sie überhaupt aufgestanden sind (»Der Luis hat schon wieder ...!«). Wer morgens in Bad oder Küche auf fröhliche und ausgeglichene Kinder trifft, kann sich kaum vorstellen, was andere Eltern täglich an Erziehungsarbeit leisten. Manche Eltern sind von früh bis spät und sieben Tage die Woche herausgefordert und sehen zeitweise kaum Erfolge. Oft genug müssen sie sich dann noch von der Umgebung anhören, sie hätten ihr Kind schlecht erzogen. Ihr Kind wurde schon im Kindergarten abgelehnt und zu keinem Kindergeburtstag eingeladen. Aus der Schule kommen Beschwerden über das Störverhalten im Unterricht oder die Aggressionen in der Pause. Immer wieder scheint in den Rückmeldungen die Forderung durch, die Eltern sollten einfach besser erziehen. Eltern von Kindern mit Verhaltensschwierigkeiten stehen eigentlich immer kurz davor, nicht mehr zu können. Irgendwie mobilisieren sie dann doch wieder Kräfte, die sie weitermachen lassen. Sie brauchen dringend Unterstützung und vor allem auch das Wohlwollen ihrer Umgebung.

Martina hat drei Kinder. Das zweite Kind ist ein Junge mit enormen Lern- und Verhaltensstörungen. Ihre beiden Mädchen hingegen besuchen ohne Probleme das Gymnasium. Als Max jünger war, machte er fast täglich etwas kaputt. Einmal verstopfte er die benutzte Toilette, bis das ganze Bad nass und schmutzig war. Seine Schwestern störte er regelmäßig beim Spielen. Manchmal wurde er auch heftig aggressiv. Martina bemüht sich immer wieder aufs Neue, um ihren Sohn Max zu unterstützen und auch den beiden Töchtern eine gute Mutter zu sein. Es verletzt sie, dass andere Eltern an Max' Schule hinter ih-

rem Rücken über sie sprechen. Als am Elternabend wieder einmal die Sprache auf schwieriges Verhalten in der Klasse kommt, meldet sie sich zu Wort. Sie erzählt, was sie zu Hause erlebt und was sie schon versucht und erreicht hat. Danach wird es still im Klassenzimmer. Am Ende des Abends sagt eine Mutter zu ihr: »Martina, ich ziehe meinen Hut vor dir.«

Lernschwierigkeiten stellen für Eltern eine andere Form der Belastung dar. Sie beanspruchen Eltern zwar nicht in der eben beschriebenen Weise, aber sie können sie auch an den Rand der Verzweiflung bringen. Vor allem Eltern, die sich schon eine große Zukunft für ihr Kind vorstellten, sehen ihre Hoffnungen wie Glas zerbrechen. Ihre Visionen, was das Kind einmal lernen und werden könnte, laufen ins Leere. Das kann sehr wehtun. Vielleicht haben auch Sie schon das Versagen Ihres Kindes als eigenes Versagen erlebt und sich gefragt, was Sie falsch gemacht haben. Besonders schwierig kann es für Sie werden, wenn Ihr Partner oder andere wichtige Personen in diese Kerbe hauen oder die Umgebung sich entsprechend äußert.

Auch kleinere oder vorübergehende Schwierigkeiten in der Schule können belasten. Es wird Sie nicht unberührt lassen, wenn Ihr Kind einen heftigen Streit mit der besten Freundin hat und weint und weint. Gleiches gilt, wenn Ihr Kind sich von der Lehrerin ungerecht behandelt fühlt, in Mathematik plötzlich nicht mehr mitkommt oder zum wiederholten Male einen schlechten Sitzplatz im Klassenzimmer hat. Immer wieder stellt sich für Sie die Frage: Wie gehe ich damit um? Und Sie überlegen sich vielleicht: Muss mein Kind lernen, solche Dinge auszuhalten? Geht es darum, dass es sich darin übt, Schwierigkeiten selbst anzusprechen? Sollte ich zur Lehrerin gehen, auch wenn ich nicht mit ihr klarkomme? Warte ich noch ab oder werde ich schon tätig? Wende ich mich besser an eine andere Stelle?

Wie kann ich mit den Belastungen umgehen?

Ein erster Weg, um mit den Belastungen umzugehen, kann darin bestehen, zu erkennen und auszusprechen, dass Belastungen vorliegen. Es ist wichtig, nicht alles scheinbar wegzustecken.

Unterstützung erfragen und Hilfe annehmen:
Das sind zwei gute Wege.

Ganz besonders gilt dies auch, wenn Sie selbst in der Erziehungsarbeit oder Öffentlichkeit tätig sind und vielleicht meinen, bei Ihnen dürfe es keine Probleme geben.

Leider ist professionelle Unterstützung nicht immer leicht zu bekommen. Niedrigschwellige Angebote bei Beratungsstellen und an Schulen können Ihnen dabei helfen, weitere Hilfen zu finden.

Vielleicht ist es auch wichtig, sich mit den eigenen Ansprüchen auseinanderzusetzen: Könnte es sein, dass diese zu hoch sind? Verlangen Sie von sich mehr als von anderen? Folgen Sie der Idee, Sie müssten immer alles perfekt machen? Oder ist es denkbar, dass Sie in die Falle der überzogenen Erwartungen gerutscht sind und vor allem den Erwartungen anderer entsprechen möchten? Gerade Mütter versuchen oftmals im Beruf erfolgreich und in der Familie fürsorglich und engagiert zu sein. Dazwischen treiben sie schnell noch Sport, um (angeblich) etwas für sich zu tun ... Können Sie eigentlich über Werbespots lachen, in denen Hochglanzmütter fleckenfrei angezogenen Kindern schnell ein gesundes Essen zubereiten, bevor sie lächelnd zur Arbeit entschwinden?

Es ist nicht einfach, sich von den allgemeinen Erwartungen frei zu machen. Vielleicht hilft es aber, sich zu vergegenwärtigen, dass sich jede Zeit ihre eigenen Familien- und Mutterbilder schafft. Deutlich wird dies an der Frage, ab welchem Alter ein Kind außerhalb der Familie betreut werden sollte. Noch um die Jahrhundertwende war es im Wesentlichen klar, dass Kinder bis zum Alter von mindestens drei Jahren zu Hause aufwachsen sollten. Inzwischen hat sich diese Vorstellung stark gewandelt. Was vor einigen Jahren als problematisch galt, wird heute zum Teil dem Bereich der Frühförderung zugesprochen. Deutlich wird dies auch bei der Frage, wie ein Kindergeburtstag in der Familie gefeiert wird. Die heutigen Überlegungen um einen aufwendigen Themengeburtstag mit passender Dekoration und entsprechend verzierten Törtchen hätte bis in die 1980er-Jahre hinein kaum jemand verstanden.

Hilfreich bei größeren Schwierigkeiten kann eine Selbsthilfegruppe für betroffene Eltern sein. Hier können Sie mit Eltern in ähnlicher Lage offen sprechen und hilfreiche Tipps bekommen. In einer solchen Gruppe geht es nicht darum festzustellen, welchen Rang das eigene Kind einnimmt oder welche Defizite es im Vergleich mit den anderen hat.

Nicht zuletzt ist es wichtig, ein gutes Gespür für die eigene Befindlichkeit zu haben und sich auch einmal abzugrenzen. Wenn Sie merken, dass Sie mit Ihren Kräften fast am Ende sind, so ist es wichtig, auch für Ihr Kind, dass Sie dies anderen mitteilen: dem Partner, der Ärztin oder in der Beratung. Nur wenn andere von Ihrer Lage wissen, werden sie Sie unterstützen können. Und bis es so weit ist: Versuchen Sie wohlwollend mit sich selbst umzugehen.

Das Wichtigste in Kürze

Vor allem bei Kindern mit Lern- oder Verhaltensstörungen müssen Eltern sehr viel leisten. Oftmals sind sie hoch belastet und am Rande ihrer Möglichkeiten. In einem solchen Fall ist es wichtig, Hilfe zu erfragen und anzunehmen. Eltern tun gut daran, wenn sie Erwartungen von außen zurückweisen und sich ein Gespür für die eigene Befindlichkeit bewahren.

Betreuung, Hort oder Ganztagsschule: Was tut mir und meinem Kind gut?

Viele Familien, vor allem in städtischen Regionen, können wählen, ob ihr Kind bereits zum Mittagessen nach Hause kommt oder ob es tageweise oder auch die ganze Woche nachmittägliche Betreuungsangebote von Schule, Hort oder Tageseltern nutzt. Nur wenige Kinder besuchen eine gebundene Ganztagsschule, an der sie drei bis vier Nachmittage pro Woche verpflichtend verbringen.

Insbesondere teilzeitbeschäftigte Eltern, die einen gewissen Spielraum bei der Festlegung ihrer Arbeitszeit haben, sind sich manchmal unsicher, welche Möglichkeiten sie für ihr Kind wählen sollen. Vielleicht fragen auch Sie sich: Ist es leichter für mich und uns alle, wenn unser Kind die Betreuungsmöglichkeiten der Schule ausschöpft und dort täglich isst und die Hausaufgaben erledigt? Oder passt es zu unserer familiären Situation besser, wenn wir für verschiedene Wochentage verschiedene Lösungen suchen? Wie können wir die Bedürfnisse des Schulkindes, der Geschwister und von uns Eltern in Einklang bringen? Wo entstehen welche Kosten? Die folgenden Ausführungen zeigen verschiedene Möglichkeiten auf, um Ihnen die Entscheidung zu erleichtern.

Welche Vor- und Nachteile haben die Betreuungsformen?

Während es in ländlichen Regionen zum Teil schwer ist, überhaupt eine nachmittägliche Betreuung zu finden, gibt es in städtischen Gegenden manchmal verschiedene Angebote in erreichbarer Nähe. Unterscheiden lassen sich insbesondere schulische Möglichkeiten an Ganztagsschulen, Horte als Angebote freier und städtischer Träger sowie Familien zertifizierter Tageselternvereine oder auch nachbarschaftliche Lösungen befreundeter Familien. Diese Möglichkeiten sollen im Folgenden vorstellt und auch einander gegenübergestellt werden.

Das häufigste Modell: Die Ganztagsschule

Inzwischen sind die meisten Schulen Deutschlands Ganztagsschulen. Dies gilt nicht in allen Bundesländern gleichermaßen, und manchmal fällt Eltern gar nicht auf, dass ihr Kind eine Ganztagsschule besucht. Sogenannte offene, d.h. nicht verpflichtende Ganztagsschulen erscheinen oftmals eher wie Halbtagsschulen mit einer Mensa und freiwilligen Angeboten. Eine Schule kann sich in Deutschland schon dann Ganztagsschule nennen, wenn sie an mindestens drei Tagen pro Woche ein durchgängig konzipiertes Angebot von mindestens sieben Zeitstunden, also beispielsweise an den Tagen Montag bis Mittwoch von 7 bis 14 Uhr, und ein Mittagessen bereithält.

Tatsächlich sind Ganztagsschulen in Deutschland heute sehr unterschiedlich, was Betreuungsumfang und Angebotsqualität betrifft. Manche haben von 6 bis 18 Uhr geöffnet und halten ein vielfältiges Angebot sowie umfängliche Unterstützung bereit. Andere decken nur gerade so die genannten sieben Zeitstunden mit einem spärlichen Angebot ab. Es gibt Schulen, deren Ganztagsangebot verpflichtend besucht werden muss (»gebundene Ganztagsschule«), und solche, an denen man dieses bei Bedarf nutzen kann. Auch die Kosten unterscheiden sich sehr.

Als Eltern wünschen Sie sich für Ihr Kind eine Schule, in der es sich wohlfühlt und gut lernen kann. Ob dies eher in einer offenen oder gebundenen (verpflichtenden) Ganztagsschule gelingt, kann nicht allgemein gesagt werden. Studien zeigen, dass keines der genannten Modelle grundsätzlich überlegen ist. Entscheidend ist letztlich immer die jeweilige Qualität vor Ort. Auch ist es wichtig, dass die Schule zu Ihrem Kind und zu Ihnen als Familie bzw. zu Ihren Arbeitszeiten passt. Überlegen lässt sich beispielsweise:

- Wann beginnt und endet der verpflichtende Unterricht?
- Zu welchen Zeiten kann zusätzliche Betreuung in Anspruch genommen werden?
- Passen die Zeiten der Schule zu unserer Familie?
- Wie lange ist der Schulweg? Ist er schwierig für ein Grundschulkind?
- Besuchen Freundinnen und Freunde aus der Nachbarschaft dieselbe Schule?
- Welches Konzept hat die Schule? Was ist ihr wichtig, worauf legt sie Wert?
- Passen die Ziele der Schule zu uns?
- Macht die Schule einen guten Eindruck?
- Hat die Schule vielleicht schon Preise gewonnen?
- Sagt uns die Schulleitung zu?
- Wie geht die Schule mit Hausaufgaben um?
- Hat die Schule ein besonderes Profil (zum Beispiel Sport, Kunst oder Musik)?
- Kommt die Schule den Interessen und Hobbys unseres Kindes entgegen?
- Wie groß sind die Gruppen in den Arbeitsgemeinschaften und der Hausaufgabenbetreuung?
- Sagt uns die Mensa mit ihrem Essensangebot zu? Essen die Klassen gemeinsam?

- Welche Kosten kommen auf uns zu?
- Gibt es eine Betreuung in den Schulferien?
- Gefällt unserem Kind die Schule?

Ganztagsschulen können das Leben sehr erleichtern: Sie bieten – zumindest außerhalb der Ferien – verlässliche Betreuung zu den verpflichtenden und zusätzlich gebuchten Zeiten, und Ihr Kind muss mittags nach der Schule keinen Ortswechsel vornehmen. Für verschiedene Fragen stehen die gleichen Ansprechpersonen bereit. Fällt etwas aus oder dauert kürzer oder länger als geplant, so fängt die Schule selbst diese Änderungen auf.

Auf der anderen Seite kann eine Ganztagsschule auch sehr anstrengend für Ihr Kind sein. Wenn Rückzugsräume fehlen, die Gänge eng und die Räume voll sind, dann geht es nicht allen Kindern gut damit. Ebenso können Lärm durch schlechte akustische Verhältnisse und auch fehlende Bewegungsmöglichkeiten im Freien problematisch werden. Nicht zuletzt ist zu bedenken, dass ein längerer Aufenthalt an der Schule mit guten Freunden als etwas Schönes erlebt werden kann, im Falle von mangelndem Wohlbefinden hingegen ein Wechsel des Ortes sehr wohltuend ist.

In verschiedenen Regionen möglich: Der Hort

Horte sind Einrichtungen für Grundschulkinder. Sie finden sich in einigen Regionen verstärkt, insbesondere in den östlichen Bundesländern und hier vorwiegend in Brandenburg und Sachsen. Neben kommunalen (städtischen) Horten gibt es auch Horte in freier Trägerschaft. Handelt es sich bei einem solchen Hort um eine Elterninitiative, so haben Sie als Eltern mehr Einflussmöglichkeiten und gleichzeitig mehr Verpflichtungen als bei einer städtischen Einrichtung.

Zumeist haben Horte am Abend länger geöffnet als Ganztagsschulen und betreuen auch während der Ferien. Auch können sie in der Regel auf mehr ausgebildetes Personal als Ganztagsschulen zurückgreifen. Sie verstehen sich als eigenständige Einrichtungen und begreifen sich nicht als Teil von Schule. Gleichwohl befinden sich ihre Räume mancherorts auch an der jeweiligen Schule.

Ob für die nachmittägliche Betreuung bei vorhandener Auswahl ein Hort oder eine Ganztagsschule vorzuziehen ist, kann nicht allgemein beantwortet werden. Wie schon zuvor bei den Ganztagsschulen ausgeführt, kommt es in hohem Maße auf die Qualität vor Ort an und auch auf die Frage, ob die jeweilige Einrichtung mit ihrem spezifischen Konzept zu Ihrer Familie und zu Ihrem Kind passt. Um zu einer guten Wahl zu kommen, können Sie die Fragen nutzen, die zuvor mit Blick auf Ganztagsschulen formuliert wurden.

Die Kosten für einen Hortplatz oder eine Betreuung an einer Ganztagsschule sind von Bundesland zu Bundesland und von Gemeinde zu Gemeinde sehr unterschiedlich. Zumeist müssen Sie für ein Mehr an Betreuung auch mehr bezahlen. Unterschiedliche Beiträge in Abhängigkeit von der Zahl der Geschwister oder vom Einkommen der Eltern gibt es häufig. Die Betreuungskosten lassen sich entweder bei der jeweiligen Einrichtung oder auch bei der Gemeinde erfragen.

Damit Kinder und Eltern sich leichter entscheiden können, bieten viele Einrichtungen Informationsabende für Eltern und Schnuppertage für Kinder an. Hilfreich kann es auch sein, mit anderen Eltern der Einrichtung ins Gespräch zu kommen. Dennoch ist immer Vorsicht geboten, weil ein und dieselbe Einrichtung von verschiedenen Menschen durchaus unterschiedlich erlebt werden kann. Für manche mag ein großes Freigelände mit vielen Bewegungsmöglichkeiten entscheidend sein, andere legen auf ein gesundes Mittagessen, eine professionelle Hausaufgabenbetreuung oder genügend Ruheräume Wert.

Eine familiäre Möglichkeit: Die Tagesfamilie

Vor allem dort, wo es keine gut erreichbaren Ganztagsschulen oder Horte gibt, wird häufig auf Tagesmütter bzw. Tageseltern zurückgegriffen. Diese Möglichkeit kommt einer Betreuung in der eigenen Familie recht nahe, was mit Vor- und Nachteilen verbunden ist. Sie kann über einen professionellen Verein oder auf privatem Wege gefunden und organisiert werden.

Ihr Kind hat bei einer Tagesfamilie die Chance, aus der großen Schulgemeinschaft herauszutreten und individuell angesprochen zu werden. Besondere Vorlieben und Wünsche können leichter erfüllt werden. Vielleicht gehören zur Tagesfamilie auch Freunde oder Tagesgeschwister, mit denen Ihr Kind gerne spielt und die Freizeit verbringt.

Auf der anderen Seite sind institutionell nicht abgesicherte Formen der Betreuung natürlich immer ein kleines Wagnis. Ganz besonders zeigt sich dies dann, wenn die Tageseltern krank werden und die Betreuung damit plötzlich und ersatzlos wegfällt. Unter Umständen kann es auch einmal passieren, dass das Kind vor verschlossener Türe steht, weil die Tagesmutter sich noch im Stau befindet oder ihr Zug nach Hause ausgefallen ist.

Worauf können Sie bei der Wahl einer Tagesmutter oder der Tageseltern achten? Sie können beispielsweise folgende Fragen stellen, auch wenn sich vorab noch nicht alle sicher beantworten lassen:

- Über welche Qualifikationen verfügt die betreuende Person?
- Welche Erfahrungen können die Tageseltern vorweisen?
- Liegt ein polizeiliches Führungszeugnis vor?
- Wie sind die Räumlichkeiten in der Tagesfamilie?
- Gibt es einen Garten zum Spielen oder leicht zugängliche Spielplätze?
- Wie viele Kinder welchen Alters werden außerdem betreut?
- Versteht sich mein Kind mit den anderen Kindern?
- Kann mein Kind in Ruhe die Hausaufgaben machen?

- Wie weit von Schule und Elternhaus entfernt befinden sich die Tageseltern?
- Wer bringt das Kind am Nachmittag oder Abend nach Hause?
- Was geschieht in den Schulferien?
- Passt die Tagesfamilie zu uns?
- Haben wir ähnliche Erziehungsziele und -methoden?
- Kommt mein Kind gut mit der Tagesfamilie zurecht? Geht es gerne dorthin?
- Welche Kosten entstehen für uns?

Wo wird mein Kind die Hausaufgaben anfertigen?

Die Beantwortung der Frage, wo Ihr Kind die Hausaufgaben anfertigt, hängt in hohem Maße davon ab, wann Ihr Kind von Schule oder Hort nach Hause kommt.

Trifft Ihr Kind nach einem Schulvormittag, einem Mittagessen, einer Arbeitsgemeinschaft und einer Busfahrt gegen 16 Uhr oder später zu Hause ein, so ist es in jedem Fall zu spät, um noch Hausaufgaben anzufertigen. Wenn Ihr Kind die Ganztagsschule als ganztägige Schule besucht, muss es unbedingt auch dort seine Hausaufgaben erledigen. Es kann, von wenigen Ausnahmen abgesehen, gar nicht gut gehen, ein sechs-, acht- oder zehnjähriges Kind am späten Nachmittag nach einem langen Schultag noch zu Hausaufgaben zu bewegen.

Nach einem ganzen Tag an der Schule darf es zu Hause keine Hausaufgaben mehr geben.

Bleibt Ihr Kind nach dem Vormittagsunterricht lediglich in der Schule, um dort noch ein warmes Mittagessen zu bekommen, und hat es anschließend die Wahl, für die Hausaufgaben nach Hause zu gehen oder diese noch in der Schule zu erledigen, so fällt die Antwort weniger eindeutig aus. Manche Kinder arbeiten sehr gerne und erfolgreich mit Freunden in der Schule, anderen ist es dort zu laut und sie bevorzugen die häusliche Ruhe. Für manche Familien wie für jene von Noah bedeutet es eine große Entlastung, wenn die schwierige Hausaufgabensituation zu Hause entfällt, für andere spielt diese Frage keine große Rolle.

> *Noah ließ sich immer nur schwer zu den Hausaufgaben bewegen. »Ja, gleich!«, rief er, wenn seine Mutter ihn zum zweiten, dritten oder vierten Mal zum Lernen schickte. Schaute sie dann nach ihm, war zumeist noch nicht viel passiert. Kaum ein Nachmittag verging ohne Ärger wegen der Hausaufgaben. Oft setzte sich Noah erst am frühen Abend an seine Aufgaben, nachdem seine Mutter laut geworden war. Nun geht Noah seit etwa drei Monaten in die Hausaufgabenbetreuung der Schule. Er kommt jetzt zwar etwas später nach Hause als zuvor, kann dafür aber gleich spielen gehen. Seine Mutter spürt die Entlastung deutlich. Anfangs war sie sich noch unsicher, ob sie die Hausaufgaben so akzeptieren kann, wie sie nun sind, nämlich nicht mehr so schön und auch nicht mehr fehlerfrei. Doch die Lehrerin ist zufrieden, und so hält sich auch Noahs Mutter mit ihren Ansprüchen zurück. Sie ist erleichtert, dass die Nachmittage nun nicht mehr so konfliktreich verlaufen.*

Sofern Sie sich überlegen, Ihr Kind die Hausaufgaben an der Schule oder im Hort – und nicht zu Hause – machen zu lassen, können Sie zunächst einmal erfragen oder im Internet nachlesen, wie Schule bzw. Hort zu den Hausaufgaben stehen, wie sie die Unterstützung gestalten und ob das Kind nach der Hausaufgabenbetreuung tatsächlich ohne Hausaufgaben nach Hause kommt. Weiterhin kön-

nen folgende Fragen helfen, um zu einer Entscheidung zu kommen bzw. diese zu überdenken:
- Um wie viel Uhr beginnt und endet die Hausaufgabenbetreuung?
- Passen diese Zeiten zu meinem Kind?
- Wo findet die Betreuung statt?
- Wie groß sind die Hausaufgabengruppen?
- Über welche Qualifikationen verfügen die betreuenden Personen?
- Helfen diese bei Schwierigkeiten?
- Hat mein Kind eine gute Beziehung zu den betreuenden Personen?
- Wechseln die Betreuungspersonen häufig?
- Fühlt sich mein Kind in der Gruppe wohl?
- Kann mein Kind dort gut arbeiten und wird es mit den Aufgaben fertig?
- Was geschieht, wenn mein Kind früher fertig wird?
- Was geschieht, wenn mein Kind nicht fertig wird?
- Muss es, wenn es angemeldet ist, auch an Tagen ohne Hausaufgaben in die Betreuung gehen?
- Kann ich mein Kind wieder abmelden, wenn es nicht mehr in die Betreuung gehen möchte oder wir diese nicht mehr benötigen?
- Entstehen Kosten für uns und wie hoch sind diese?

Wenn Sie und Ihr Kind nicht sicher wissen, ob betreute Hausaufgabenzeiten sinnvoll sind, können Sie nachfragen, ob beispielsweise ein zweiwöchiges Schnuppern am Schuljahresanfang möglich ist. Vielleicht kann Ihr Kind auch zunächst an ein oder zwei Tagen pro Woche ausprobieren, wie es mit der Betreuung zurechtkommt. Später können dann eventuell mehr Tage hinzugebucht werden.

Wie gehen wir mit fehlerhaften Hausaufgaben um?

Wenn Ihr Kind die Hausaufgaben in Schule oder Hort anfertigt, ist es dann dennoch Ihre Pflicht, die Hausaufgaben nachzusehen und eventuelle Fehler zu korrigieren? Sollten Sie bei erkennbar sparsam ausgefallenen und wenig gefällig erscheinenden Ergebnissen Nacharbeit verlangen? Erwartet die Schule, dass Sie bei Lernschwierigkeiten reagieren und helfen?

Die Antwort auf diese Fragen ist sehr einfach: Fragen Sie Ihr Kind! Hat Ihr Kind kein gutes Gefühl bei seinen Hausaufgaben und möchte es, dass sie von Ihnen durchgesehen werden, so ist das in Ordnung. Ansonsten gilt:

In der Betreuung angefertigte Hausaufgaben sind erledigt.

Wenn alle Aufgaben angefertigt sind und Ihr Kind zufrieden ist, so besteht überhaupt kein Grund für Sie, aktiv zu werden. Es sind die Aufgaben Ihres Kindes, und diese müssen der Schule und nicht Ihnen vorgelegt werden.

Untersuchungen zeigen, dass Eltern bei den Hausaufgaben zu einer Ergebnisorientierung tendieren, das heißt sie sehen vor allem auf das Produkt und hier beispielsweise auf dessen Vollständigkeit, Umfang, gefälliges Schriftbild und schöne Gestaltung (zum Beispiel Nieswandt, 2014; Kaufmann & Wach, 2010; vgl. Kohler, 2017). Lehrerinnen und Lehrer hingegen achten stärker auf den Lernprozess und sehen über eine durchgestrichene Passage oder andere Dinge zumeist hinweg, sofern diese den Lernerfolg selbst nicht infrage stellen. Es wäre also kontraproduktiv, wenn Sie Ihr Kind auffordern, seine schon in der Betreuung erledigten Aufgaben noch ein zweites Mal – und zwar schöner und ordentlicher – anzufertigen. Kinder erleben dies als übergriffig und weisen es zurück.

Was aber tun, wenn Ihr Kind mit seinen Aufgaben in der Hausaufgabenzeit nicht fertig wird? Auch in diesem Fall sollten Sie von Ihrem Kind keine häusliche Nacharbeit fordern, sondern an die Schule bzw. den Hort herantreten und um eine Lösung bitten: Es kann sein, dass die Lehrkraft schlicht zu viele oder zu schwierige Hausaufgaben stellt. Möglich erscheint aber auch, dass in der Betreuung keine Ruhe herrscht, die Kinder nur schwer zum Arbeiten kommen und bei Schwierigkeiten keine Hilfe finden. Es ist wichtig, solche Punkte der Schule mitzuteilen, damit diese eine Chance bekommt, für Veränderungen zu sorgen. Aufgabe des Elternhauses sollte es nicht sein, Schwierigkeiten der Schule oder auch des Horts aufzufangen und Versäumtes nachzuholen.

Das Wichtigste in Kürze

Ob es sinnvoll ist, für das Kind eine nachmittägliche Betreuung an Schule, Hort oder bei Tageseltern zu suchen, kann nicht allgemein entschieden werden. Die Antwort hängt sowohl von Ihren Bedürfnissen und Möglichkeiten als auch von jenen Ihres Kindes ab.

Allgemein gilt bei der Suche nach der besten Lösung: Die Qualität einer Einrichtung zeigt sich immer direkt vor Ort. Entscheidend ist dann, ob diese zu Ihnen und Ihrem Kind passt und Sie sich entlastet fühlen. Vor allem sollte sich Ihr Kind dort wohlfühlen.

Nach einem schulischen Ganztag darf es für Grundschulkinder keine verpflichtenden Hausaufgaben mehr geben. Hat Ihr Kind seine Aufgaben bereits in der Schule oder in einer anderen Einrichtung erledigt, sollten Sie diese nicht kontrollieren und auch nichts nacharbeiten lassen. Wenn die Hausaufgabenbetreuung nicht gelingt, sollten Sie diese Mängel nicht aufzufangen versuchen, sondern an die Schule oder die betreuende Stelle herantreten.

Wie kann ich mit Schule und Lehrkraft zusammenarbeiten?

Die Zusammenarbeit von Elternhaus und Schule ist wichtig. Anders als in der Kindertagesstätte sind die Kontakte jedoch viel seltener. Spontane Tür-und-Angel-Gespräche gibt es kaum. Vor allem die kleinen Pausen sind an Schulen geprägt von Hektik und Lärm. Hier können Sie keine Antworten auf Ihre Fragen erwarten. Wenn Sie ein Gespräch außerhalb eines Elternsprechtages wünschen, müssen Sie sich anmelden und zumeist mehrere Tage auf einen Termin warten. Je nach Schule und Lehrkraft erfolgt die Anmeldung per Mail, elektronisch über ein Kontaktformular auf der Homepage, telefonisch oder schriftlich (Brief, Kontaktheft) über das Kind. Individuellen Anliegen (»Könnten Sie bitte mein Kind daran erinnern, dass es mehr trinkt / heute nach der Schule zur Oma gehen soll?«) kann die Lehrkraft in der Regel nicht nachkommen.

Das Schulleben braucht selbstständig werdende Kinder.

Welche Erwartungen treffen hier aufeinander und wie können Sie Ihr Kind unterstützen?

Welche Erwartungen hat die Schule an uns Eltern?

Die Schule wünscht Eltern, die morgens ein lernbereites Kind in die Schule schicken und dieses stets, aber zurückhaltend unterstützen. Solange Ihr Kind seine Schulsachen dabeihat, gerne und erfolgreich lernt und freundlich mit anderen umgeht, hat die Schule erst einmal keinen Grund, mit Ihnen in Kontakt zu treten. Umgekehrt würde sich die Schule wundern, wenn Sie wegen Kleinigkeiten den Kontakt suchten.

Die Schule erwartet von den Eltern eine gewisse Mitarbeit. Hier ist zum einen an die gesetzlich vorgeschriebenen Formen der Elternbeteiligung zu denken. Am ersten Elternabend (= Klassenpflegschaftssitzung, Klassenelternversammlung) des Schuljahres werden aus der Mitte der Eltern jeweils zwei Vertreter für den Elternbeirat und weitere Gremien gewählt. Diese Mitarbeit an der Schule ist zeitlich überschaubar, grundsätzlich machbar und bietet Ihnen den großen Vorteil, mehr Einblicke in schulische Gegebenheiten zu erhalten und auch über die Belange der Schule mitentscheiden zu können. Dabei lernen Sie weitere interessierte und engagierte Eltern kennen und können beispielsweise einen Elternstammtisch für die Klasseneltern einrichten.

Zum andern erwartet die Schule aber auch die Mitarbeit aller Eltern an Schulfesten und bei weiteren besonderen Ereignissen, wie Sie es schon aus der Kindertagesstätte kennen.

Je nach Bundesland und Schule werden ein- oder zweimal jährlich Elternsprechtage angeboten. Am Elternsprechtag nimmt sich die Klassenlehrkraft für die Eltern eines jeden Kindes in der Regel zehn Minuten Zeit. Es wird erwartet, dass Sie dieses Angebot annehmen. Sie können mit der Klassenlehrkraft ins Gespräch kommen, sich gegenseitig Eindrücke mitteilen und prüfen, ob es Themen gibt, die gründlich besprochen werden sollten. Wenig hilfreich ist es aus der Sicht der Schule, wenn Eltern zum Elternsprechtag

Artikel aus der Zeitung oder Ausdrucke aus dem Internet mitbringen, um ihre Vorschläge oder Sichtweisen zu untermauern. Sie können davon ausgehen, dass die Diskussion in den Medien, von der Sie erfahren haben, auch im Kollegium der Schule bekannt ist.

Manche Schulen halten noch weitere Angebote für Eltern bereit, so zum Beispiel Vortragsabende zu wichtigen Themen oder Kennenlern-Aktivitäten für die Eltern. Es ist schön, wenn Sie diese Angebote nutzen, damit die Schule Ihres Kindes auch Ihre Schule werden kann. Immer wieder entstehen bei solchen Gelegenheiten Ideen und Initiativen, die den Kindern zugutekommen und die Schulgemeinschaft stärken. Vielleicht verfügen auch Sie über Talente und Erfahrungen, die Sie hier einbringen könnten?

Was können wir Eltern von der Schule erwarten?

Eltern erwarten von der Schule bzw. der Lehrkraft Informationen über die Schule, die Klasse und das eigene Kind. Sie benötigen den Stundenplan des Kindes, eine Liste mit Telefonnummern oder E-Mail-Adressen der Lehrkräfte und der Klasseneltern sowie eine Liste mit den Terminen der Schule und Klasse. Hilfreich ist eine Postmappe im Schulranzen des Kindes, in welche laufend Informationspapiere und Nachrichten gelegt werden können. Eine in der Schule bereitgelegte Krankenmappe nimmt all jene Arbeitsblätter und Aufgaben auf, die die Klasse in der Zeit der Krankheit des Kindes bearbeitet hat. Ist Ihr Kind erkrankt, so kann ihm diese Mappe eventuell von einem in der Nähe wohnenden Kind nach Hause gebracht werden.

Am Elternabend werden Sie über die Inhalte, Ziele und Methoden des jeweiligen Schuljahres in Kenntnis gesetzt und lernen die Lehrkräfte der Klasse kennen. Sie werden über besondere Projekte und Ausflüge informiert. Am ersten Elternabend vor oder am Schulbeginn kann es auch sein, dass Sie gebeten werden, die bereits von der Lehrkraft eingekauften Hefte und Schnellhefter zu beschriften und zu bezahlen. Insofern ist es ratsam, zum Elternabend etwas zu schreiben und ein wenig Geld mitzunehmen.

Es ist sehr sinnvoll, Unklarheiten am Elternabend zu thematisieren, sofern sie vermutlich die gesamte Klasse oder mindestens mehrere Kinder betreffen. Diese Unklarheiten können sich beispielsweise auf die Hausaufgaben, allgemein das Lesenlernen oder auf die Kleidung im Sportunterricht beziehen. Ebenso kann nachgefragt werden, wie die Lehrkraft die Elternkontakte handhaben wird: Möchte sie telefonisch oder lieber per Mail kontaktiert werden? Bietet sie eine wöchentliche Sprechstunde an? Ist hierfür eine Anmeldung erforderlich?

Elterngespräche am Sprechtag (Termine von in der Regel zehn Minuten Länge) oder in einer Sprechstunde (Termine mit bis zu 45 Minuten Länge) sind der Ort für individuelle Fragen und Probleme rund um schulisches Lernen im weiteren Sinne. Hat Ihr Kind beispielsweise eine chronische Erkrankung, so ist es in der Regel sinnvoll, diese zu thematisieren. Ebenso kann es hilfreich für die Schule sein zu erfahren, dass das Kind aufgrund der Trennung der Eltern jedes zweite Wochenende beim anderen Elternteil verbringt und deshalb montags vielleicht nicht immer alles passend dabeihat oder manchmal Konzentrationsschwierigkeiten zeigt. Wichtig zu wissen ist, dass die Informationen, die Sie der Klassenlehrerin im ersten Schuljahr gegeben haben, aufgrund des Datenschutzes nicht unbedingt dem Klassenlehrer der dritten Klasse vorliegen werden.

Ob es am Schulanfang oder nach einem Lehrerwechsel sinnvoll ist, vergangene Probleme zu benennen oder aber dem Kind einen Neuanfang zu ermöglichen, kann nicht eindeutig entschieden werden. Einerseits kann Förderung früher einsetzen, wenn mögliche Belastungen bekannt sind; andererseits kann es dadurch auch zu ei-

Was können wir Eltern von der Schule erwarten? 197

ner sich selbst erfüllenden Prophezeiung kommen: Werden Schwierigkeiten erwartet, dann werden sie auch eher gesehen.

Sie können auch dann um ein Elterngespräch bitten bzw. den Elternsprechtag wahrnehmen, wenn keine besonderen Probleme vorliegen. So können Sie sich beispielsweise berichten lassen, wie die Lehrkraft das Kind erlebt, wo sie Stärken und Schwächen erkennt und wie Sie Ihr Kind unterstützen können. Immer wieder stellt es sich bei einem solchen Gespräch heraus, dass das Kind sich in der Schule durchaus anders als zu Hause verhält und auch ein anderes Arbeitsverhalten als von Ihnen erwartet an den Tag legt.

Manche Schulen bieten auch Gespräche zwischen Lehrkraft, Kind und Eltern an. Damit wollen sie zeigen, dass sie die Kinder ernst nehmen und nichts über ihren Kopf hinweg besprechen und entscheiden. Ob ein solches Gespräch bei Grundschulkindern die beste Lösung ist, kann vermutlich nur von Fall zu Fall bzw. je nach Thema entschieden werden.

Bei allen Anliegen und Erwartungen ist es hilfreich zu verstehen, welche Veränderungen Sie überhaupt von einer einzelnen Lehrkraft oder Schule erwarten können. Viele Fragen werden nämlich landeseinheitlich geregelt. Dies betrifft vor allem die Zahl der Lehrkräfte an einer Schule. Anderes, so zum Beispiel das Modell der ganztägigen Betreuung oder die Tätigkeiten des Hausmeisters, bestimmt der sogenannte Schulträger. Schulträger ist bei öffentlichen Schulen die Stadt bzw. die Gemeinde oder der Landkreis. Es gibt auch Schulen in freier Trägerschaft. Dazu gehören insbesondere konfessionelle Schulen und Waldorfschulen sowie Alternativschulen.

Manche Fragen werden an der einzelnen Schule von der Gesamtlehrerkonferenz oder der Schulkonferenz entschieden. Hier kann die einzelne Lehrkraft nicht ausscheren. Dies ist beispielsweise bei der Wahl des Schulbuchs der Fall oder auch bei der Entscheidung für eine bestimmte Schreibschrift. Es ist sinnvoll, im Gespräch mit der Lehrkraft Zeit und Energie nicht auf Fragen zu richten, die diese gar nicht entscheiden kann. Je nach Thema können Sie sich stattdessen mit Ihrem Anliegen an die Elternvertretung der Schule, den Landeselternrat, den Bundeselternrat, die Schulleitung, die Gemeinderäte vor Ort oder an Landtagsabgeordnete wenden.

Was kann ich bei Schwierigkeiten für mein Kind tun?

Wenn ein größeres Problem vorliegt und Ihr Kind sich noch nicht in der Lage fühlt, dieses selbst anzusprechen, dann ist es in der Regel sinnvoll, wenn Sie die Lehrkraft aufsuchen. Es ist schließlich fast immer besser, nicht übereinander, sondern miteinander zu sprechen. Möchte Ihr Kind hingegen nicht, dass das Problem thematisiert wird, so können Sie dennoch zur Lehrperson gehen, aber davor mit Ihrem Kind aushandeln, was Sie thematisieren dürfen und was nicht.

So wie es Themen gibt, die relativ problemlos zu besprechen sind, gibt es andere, die schwierig werden können. Dies gilt vor allem dann, wenn Sie und Ihr Kind mit bestimmten Verhaltensweisen der Lehrkraft nicht klarkommen. Hier macht es wenig Sinn, die Lehrerin oder den Lehrer grundsätzlich zu kritisieren (»Sie sind unsensibel und haben keine Ahnung von Kindern!«). Klüger ist es, der Lehrkraft das Erleben des Kindes zu schildern (»Mein Kind ist letzte Woche dreimal mit Kopfschmerzen aus der Schule gekommen und hat mir berichtet ...«) und auch die eigene Sichtweise deutlich werden zu lassen (»Aus meiner Sicht tut es meinem Kind nicht gut, wenn ...«).

Überhaupt ist es zentral, dass sich beide Seiten, Sie und die Schule, immer wieder Ihren Perspektivenunterschied vergegenwärtigen. Dieser ist nicht aufzulösen: Die Schule bzw. die Lehrkraft hat immer die Klasse als Ganzes im Blick; Sie hingegen denken an ein Individuum. Lehrkräfte wissen mehr über schulisches Lernen, Sie wissen mehr über Ihr Kind. Sie sehen die Fortschritte Ihres Kindes und vergleichen sein heutiges Können mit seinem früheren; Lehrkräfte vergleichen die Kinder untereinander.

Lehrkräften ist zum Teil nicht klar, wie nah das Wohl Ihres Kindes Ihnen als Eltern ist. Die starke emotionale Verbundenheit der Eltern mit ihrem Kind überrascht Lehrkräfte immer wieder. Auch kennen sie die Familiengeschichte und die Familiensituation nicht und können nicht erahnen, wie viel Arbeit in manchen kleinen Erfolgen steckt. Ebenso sind ihnen Ihre eigenen Schulerfahrungen unbekannt. Auf der anderen Seite verstehen Eltern oft die schulische Logik und ihre Abläufe nicht. Zudem gibt es weder *die* Lehrkräfte noch *die* Eltern. Im konkreten Fall müssen sich beide Seiten immer individuell auf die jeweilige andere Seite einlassen und einstellen. Nicht zuletzt ist an das Informationsmonopol des Kindes zu erinnern: Es bestimmt, was die jeweils andere Seite in welcher Weise erfährt. Missverständnisse oder Fehleinschätzungen sind hier leicht möglich.

Felicitas' Eltern sind aufgebracht. »*Die Lehrerin hat die Entschuldigung für das Fehlen in der Nachmittagsschule nicht akzeptiert*«, *berichtet Felicitas' Mutter ihrem Mann. Dieser will am kurz danach stattfindenden Elternabend eine Erklärung: Übertreibt es die Lehrerin mit den formalen Ansprüchen an eine Entschuldigung? Oder wird ein Arztbesuch grundsätzlich nicht als Grund akzeptiert? Im Gespräch stellt sich heraus: Es liegt ein Missverständnis vor. Felicitas wollte lediglich der Lehrerin die Entschuldigung in einem denkbar ungünstigen Moment geben, was diese zurückwies. Von einer grundsätzlichen Ablehnung war nie die Rede. Die ganze Aufregung war umsonst.*

Alle diese Punkte sollten keine unüberwindlichen Schwierigkeiten darstellen, solange beide Seiten gemeinsam an der Lösung des jeweiligen Problems arbeiten möchten. Bei gegenseitiger Achtung und Wertschätzung ist vieles möglich: Sie können Ihre Sorgen formulieren, bei Unklarheiten nachfragen und sich auch das Verhalten der Lehrkraft erklären lassen. Auch können Sie direkt fragen, was Sie selbst zur Verbesserung der infrage stehenden Situation beitragen können. Sie können um eine konkrete Vereinbarung bitten und am Ende des Gesprächs schon einen neuen Termin verabreden.

So gelingen Gespräche mit der Lehrkraft:
- Lassen Sie sich das Problem von Ihrem Kind genau schildern bzw. erfragen Sie dessen Sichtweise.
- Sprechen Sie das Anliegen vorab mit einer anderen Person durch.
- Notieren Sie sich Stichworte und nehmen Sie das Papier zum Elterngespräch mit.
- Steigen Sie freundlich in das Gespräch ein und bitten Sie die Lehrkraft eventuell zunächst um Rückmeldung zur Entwicklung des Kindes.
- Schildern Sie Ihr Anliegen sachlich und verdeutlichen Sie dabei die eigene Sichtweise.
- Kritisieren Sie die Lehrkraft nicht, sondern machen Sie die Perspektive des Kindes klar.
- Fragen Sie die Lehrkraft nach ihrer Einschätzung der Situation.
- Zeigen Sie Kooperationsbereitschaft.
- Fragen Sie nach, wenn Sie etwas nicht verstehen.
- Dringen Sie auf eine konkrete Vereinbarung.
- Verabreden Sie einen Folgetermin.

Schwierig kann es werden, wenn die Lehrkraft Angst vor Elterngesprächen hat und Kritik und Druck fürchtet. Dann kann es passieren, dass sie auch berechtigte Anliegen von Anfang an zurückweist. Zudem gibt es, wie in allen Berufsfeldern, auch an Schulen schwierige Personen. Für Eltern ist es kaum auszuhalten, wenn ihr Kind unter einer Lehrkraft leidet, die es beschämt und beschimpft. Gespräche sind zwar immer einen Versuch wert, helfen aber nicht unbedingt in allen Fällen. Kommen Sie mit der Lehrkraft gar nicht weiter, so können Sie überlegen, ob Sie sich an die Elternvertretung, die Schulleitung oder an eine neutrale Stelle wie die Schulsozialarbeit wenden möchten. Der Gang zur übergeordneten Behörde (Ministerium oder Schulamt) und ebenso ein Klassen- oder Schulwechsel sollten nur die letzte Möglichkeit sein, wenn die Situation schon völlig verfahren ist.

Das Wichtigste in Kürze

Die Zusammenarbeit von Elternhaus und Schule ist wichtig. Sie dient der gegenseitigen Information, zielt auf Problemlösungen und ermöglicht Formen der Mitbestimmung. Eltern haben dabei auch die Möglichkeit, andere interessierte Eltern kennenzulernen.

Die Schule bietet Elternabende, Elternsprechtage und Elternsprechstunden und zum Teil weitere Formen der Zusammenarbeit an. Sie erwartet, dass diese Angebote angenommen werden.

Sie dürfen erwarten, dass Ihre Fragen und Anliegen von der Schule ernst genommen und aufgegriffen werden. Die Zusammenarbeit hat immer das Wohl des Kindes zum Ziel. Gelingen die Gespräche nicht, so können Sie sich im äußersten Fall an die nächsthöhere Dienststelle wenden.

Einige Worte zum Schluss

»Früchtchen seid ihr, und Spalierobst müsst ihr werden. Aufgeweckt wart ihr bis heute, und einwecken wird man euch ab morgen!«, so schrieb Erich Kästner in seiner bekannten Rede zum Schulanfang, die sich noch immer zu lesen lohnt (Kästner, 1969). Wichtig erscheinen seine Ratschläge auch über 50 Jahre später: »Lasst euch die Kindheit nicht austreiben!«, formuliert er und fügt an: »Seid nicht zu fleißig! Bei diesem Ratschlag müssen die Faulen weghören. Es gilt nur für die Fleißigen, aber für sie ist er sehr wichtig. Das Leben besteht nicht nur aus Schularbeiten. Der Mensch soll lernen, nur die Ochsen büffeln.«

Erich Kästners Rede zum Schulanfang regt zu grundsätzlichen Überlegungen an: Wie wichtig wollen wir die Schule nehmen? Welchen Stellenwert soll sie im Leben meines Kindes einnehmen? Welche Erwartungen habe ich an den Schulabschluss? Muss mein Kind meinen Lebenstraum erfüllen? Kann es seinen eigenen Weg finden? Darf mein Kind in der Grundschulzeit noch Kind sein?

Eines ist sicher: Eine gelungene Kindheit stärkt für das ganze Leben. Sie ist ein Wert an sich und gleichzeitig die Voraussetzung für späteren schulischen und beruflichen Erfolg und private Zufriedenheit. Es ist wunderbar, als Kind einfach zu spielen, alleine und mit anderen, keinem äußeren Zweck nachjagend, sich selbst vergessend, im Hier und Jetzt. Es tut gut, Löcher in die Luft zu gucken, irgendwann eine Idee zu entwickeln und dabei sich und die Welt immer wieder aufs Neue zu entdecken. Niemals kann die Kindheit mit ihren Möglichkeiten und Aufgaben nachgeholt werden. Es gibt sie für jeden Menschen nur einmal.

Damit eine solche Kindheit gelingt, braucht es Eltern, die sie ermöglichen, die Zuversicht zeigen und eine gute Balance finden zwischen dem Gewähren von Freiheiten einerseits und dem Bieten von Rückhalt und aufmerksamer Unterstützung andererseits. Wenn Sie Gelassenheit im Umgang mit der Schule entwickeln, weil Sie diese besser verstehen, dann sind Sie auf dem besten Wege dazu. Vielleicht kann Ihnen dieses Buch dabei helfen.

Anhang:
Hilfreiche Internetadressen

Die folgenden Internetadressen sind thematisch geordnet:

Gesundes Sitzen
https://www.agr-ev.de/de
http://www.schulentwicklungspreis.de/fileadmin/docs/SI_8011.pdf

Lesen
http://www.djlp.jugendliteratur.org/
https://www.zeit.de/serie/luchs-buchpreis
https://kinderbuchladen.lesestoff.ch/kinderbuchpreis
https://www.antolin.de/
https://www.lepion.de/lepion/start.php

Schreiben
https://www.linkshandversand.de/

Lernen mit Medien: Suchmaschinen für Kinder und weitere Angebote
http://www.blinde-kuh.de/
https://www.fragfinn.de/ueber-finn/
https://klexikon.zum.de/
http://desktop.meine-startseite.de/
https://www.klick-tipps.net/
http://www.klicksafe.de/fuer-kinder/

Lernen mit Medien: Hinweise zum Umgang mit Angeboten im Internet
www.enfk.de/
http://www.sicher-online-gehen.de/
https://www.sicher-im-netz.de/

Anhang: Hilfreiche Internetadressen

https://www.schau-hin.info/
http://www.surfen-ohne-risiko.net/

Lernen mit Medien: Preisgekrönte Spiel- und Lernsoftware
https://www.digita.de/
http://www.comenius-award.de/
http://www.gigamaus.de/
https://www.internet-abc.de/eltern/internet-abc-fuer-eltern/
https://www.bmfsfj.de/bmfsfj/service/publikationen/spiel--und-lernsoftware---band-26/113944

Gesundheit, Schwierigkeiten und Störungen
https://www.kinderaerzte-im-netz.de
https://www.neurologen-und-psychiater-im-netz.org/startseite/
https://www.bundesgesundheitsministerium.de/
https://www.kindergesundheit.de/
https://www.bzga.de/

Autismus-Spektrum-Störung (ASS)
https://www.autismus.de/

Aufmerksamkeitsdefizit-Hyperaktivitäts-Störung (ADHS)
http://www.adhs.info
https://www.adhs-deutschland.de

Lese-Rechtschreib-Schwierigkeiten (LRS)
www.legakids.net
www.dgls.de
www.lesen-in-deutschland.de
www.lesestart.de

Rechenstörungen
https://dybuster.com/calcularis
https://pikas.dzlm.de/

Nachhilfeunterricht
http://www.nachhilfeschulen.org/

Online-Elternberatung
http://www.bke.de/
https://www.nummergegenkummer.de/

Gute Schulen
http://schulpreis.bosch-stiftung.de/
http://www.starkeschule.de

Gute inklusive Schulen
www.jakobmuthpreis.de/

Gute Ganztagsschulen
https://www.ganztagsschulen.org/
http://www.ganztaegig-lernen.de/
www.ganztagsschulverband.de
https://www.dkjs.de/themen/schulerfolg-ganztagsschule/

Gute Grundschulen
http://grundschulverband.de/

Bundeselternrat
http://www.bundeselternrat.de/de/home.html

Vielfältige Informationen zu Schule und Bildung
https://www.bildungsserver.de/

Literatur

Aster, M. v. & Lorenz, J. H. (Hrsg.) (2013). Rechenstörungen bei Kindern. Neurowissenschaft, Psychologie, Pädagogik. Vandenhoeck & Ruprecht.
Aster, M. v., Schweiter, M. & Weinhold Zulauf, M. (2007). Rechenstörungen bei Kindern. Vorläufer, Prävalenz und psychische Symptome. Zeitschrift für Entwicklungspsychologie und Pädagogische Psychologie, 39 (2), 85–96.
Bartnitzky, H. (2010). Grundschrift – damit Kinder besser schreiben lernen. Grundschule aktuell, 110, 4–8.
Bellenberg, G. (2011). Einstiege – Aufstiege – Abstiege. Friedrich Jahresheft XXIX 2011, S. 26–30.
Berkemeier, A. (2012). Multilingualer Schrifterwerb: Griechisch-Deutsch. In W. Grießhaber & Z. Kalkavan (Hrsg.), Orthographie- und Schriftspracherwerb bei mehrsprachigen Kindern (S. 35–56). Stuttgart: Fillibach bei Klett.
Bilz, L., Schubarth, W., Dudziak, I., Fischer, S., Niproschke, S. & Ulbricht, Y. (Hrsg,) (2017). Gewalt und Mobbing an Schulen. Bad Heilbrunn: Klinkhardt.
Birkel, P. (2003). Aufsatzbeurteilung – ein altes Problem neu untersucht. Didaktik Deutsch, 15 (9), 46–63.
Birkel, P. (2005). Beurteilungsübereinstimmung bei Mathematikarbeiten? In Journal für Mathematikdidaktik, 28 (1), 28–51.
Brinkmann, E. (2013). Rechtschreibunterricht: Stärken und Schwächen verschiedener Konzeptionen. Grundschule aktuell, 124, 9–13.
Brügelmann, H. (2013). Entwicklung der Rechtschreibung und des Rechtschreibunterrichts. Grundschule aktuell, 124, 13–17.
Brügelmann, H. (1992). Kinder auf dem Weg zur Schrift (4. Auflage). Bottighofen: Libelle.
Domsch, H. (2014). Konzentration und Aufmerksamkeit. In A. Lohaus & M. Glüer (Hrsg.), Entwicklungsförderung im Kindesalter (S. 63–82). Göttingen: Hogrefe.
Fan, H., Xu, J., Cai, Z., He, J. & Fan, X. (2017). Homework and students' achievement in math and science: A 30-year meta-analysis, 1986–2015. Educational Research Review, 20, 35–54.

Fischer, U. & v. Aster, M. v. (2017). Rechenschwäche erkennen und therapieren. Pädagogik, 69 (12), 54–55.
Funnekötter, F., Hebel, F. & Rüddigkeit, V. (1981). Rechtschreibung im Unterricht. Königstein/Ts.: Scriptor.
Gawrilow, C. (2016). Lehrbuch ADHS. Modelle, Ursachen, Diagnose, Therapie (2. Auflage). München: Reinhardt.
Grundschulverband e. V. (Hrsg.) (2018). Faktencheck Grundschule. Zugriff am 3.10.2018. Verfügbar unter https://grundschulverband.de/produkt/broschuere-faktencheck/.
Hascher, T. & Bischof, F. (2000). Integrierte und traditionelle Hausaufgaben in der Primarschule – ein Vergleich bezüglich Leistung, Belastung und Einstellungen zur Schule. Psychologie in Erziehung und Unterricht, 47 (4), 252–265.
Hattie, J. A. C. (2009). Visible Learning. A synthesis of over 800 meta-analyses relating to achievement. New York: Routledge.
Haag, L. & Streber, D. (2013). Einzel-Nachhilfe im Vergleich zu Gruppen-Nachhilfe – teurer! Und auch besser? Empirische Pädagogik, 27 (3), 359–373.
Hartmann, U., Hasselhorn, M. & Gold, A. (2017). Entwicklungsverläufe verstehen – Kinder mit Bildungsrisiken wirksam fördern. Stuttgart: Kohlhammer.
Kästner, E. (1969). Gesammelte Schriften für Erwachsene. Bd. 7. München: Droemer Knaur.
Kaufmann, E. & Walch, K. (2010). Die soziale Konstruktion der Hausaufgabensituation. München: DJI. Zugriff am 6.10.2018. Verfügbar unter https://www.dji.de/fileadmin/user_upload/bibs/598_12122_Endfassung_Hausaufgaben.pdf.
Killus, D. & Paseka, A. (2014). Elterliches Engagement für das schulische Lernen des eigenen Kindes. In D. Killus & K. Tillmann (Hrsg.), Eltern zwischen Erwartungen, Kritik und Engagement (S. 131–148). Münster: Waxmann.
Killus, D. & Tillmann, K.-J. (2017). Eltern beurteilen Schule – Entwicklungen und Herausforderungen. Münster: Waxmann.
Killus, D. & Tillmann, K.-J. (2014). Eltern zwischen Erwartungen, Kritik und Engagement. Münster: Waxmann.
Kittel, A. (2011). 3+3=5. Rechenstörung. Merkmale, Diagnosen und Hilfen. Braunschweig: Westermann.
Kittel, A. (2015). Rechenstörung – Hauptmerkmale und Hilfen. Beilage Unterrichtspraxis. bildung und wissenschaft, 48 (6), 1–8.
Klemm, K. (2009). Klassenwiederholungen – teuer und unwirksam. Gütersloh: Bertelsmann Stiftung.
Klemm, K. & Hollenbach-Biele, N. (2016). Nachhilfeunterricht in Deutschland. Gütersloh: Bertelsmann Stiftung.

Kohler, B. (2017). Hausaufgaben. Überblick und Praxishilfen für Halbtags- und Ganztagsschulen. Weinheim: Beltz.

Kohler, B. (2016). Ganztagsschule gestalten: Chance oder Bürde? Entscheidungsfelder für schulische Akteure am Beispiel von Lernzeiten. Schulmagazin 5–10, 84 (2), 7–10.

Kohler, B. (2015a). Diagnosegenauigkeit im Unterricht: Einschätzung der Arbeitszeiten von Schülerinnen und Schülern durch ihre Lehrkräfte. Unterrichtswissenschaft, 43 (4), 300–316.

Kohler, B. (2015). Die Vergabe von Hausaufgaben im Unterricht: Erste Daten zu einer vernachlässigten Schlüsselsituation. Empirische Pädagogik, 29 (2), 189–210.

Kohler, B. (2015c). »Das sollte ich eigentlich öfter tun« – Zur Praxis differenzierter Hausaufgaben aus der Sicht von Lehrkräften an Grundschulen und Gymnasien. Zeitschrift für Grundschulforschung, 8 (2), 100–113.

Kohler, B. (2014). »Welche Note bekomme ich?« Leistungsbeurteilung aus der Perspektive von Schülerinnen und Schülern. Schulmagazin 5–10, 82 (11), 51–54.

Kohler, B. (2013). Schülerpartizipation ermöglichen. Pädagogik, 65 (12), 36–40.

Kohler, B. (2003). Hausaufgaben. Helfen – aber wie? Weinheim: Beltz.

Lesemann, S. (2016). Fortbildungen zum schulischen Umgang mit Rechenstörungen. Wiesbaden: Springer.

Lohaus, A. & Glüer, M. (Hrsg.) (2014). Entwicklungsförderung im Kindesalter. Göttingen: Hogrefe.

Luplow, N. & Schneider, T. (2014). Nutzung und Effektivität privat bezahlter Nachhilfe im Primarbereich. Zeitschrift für Soziologie, 43 (1), 31–49.

Merz-Atalik, K. (2013). Inklusion/Inklusiver Unterricht an der Gemeinschaftsschule. In T. Bohl & S. Meissner (Hrsg.), Expertise Gemeinschaftsschule (S. 61–76). Weinheim: Beltz.

Naegele, I. M. (2017). Schulerfolg trotz LRS. Weinheim: Beltz.

Nieswandt, M. (2014). Hausaufgaben yapmak. Bad Heilbrunn: Klinkhardt.

Reichen, J. & Peschel, M. (2004). Lesen durch Schreiben in offenen Lernsituationen. Berlin: wvb.

Ricking, H. & Hagen, T. (2016). Schulabsentismus und Schulabbruch. Stuttgart: Kohlhammer.

Schneider, W. (2014). Lese und Rechtschreibkompetenz. In A. Lohaus & M. Glüer (Hrsg.), Entwicklungsförderung im Kindesalter (S. 183–202). Göttingen: Hogrefe.

Schnyder Godel, I. (2015). Die Hausaufgabenvergabe unter der Lupe. Eine empirische Untersuchung im Fach Französisch als Fremdsprache. Münster: Waxmann.

Schulte-Körne, G., Deimel, W., Hülsmann, J., Seidler, T. & Remschmidt, H. (2001). Das Marburger Rechtschreib-Training. Ergebnisse einer Kurz-

zeit-Intervention. Zeitschrift für Kinder- und Jugendpsychiatrie und Psychotherapie, 29 (1), 7–15.
Schulz, A. (2014). Fachdidaktisches Wissen von Grundschullehrkräften. Diagnose und Förderung bei besonderen Problemen beim Rechnenlernen. Wiesbaden: Springer.
Speck, K. (2014). Schulsozialarbeit (3. Auflage). München: Reinhardt.
Tillmann, K.-J. (2005). Wenn Unterschiede zwischen Kindern als Ärgernis gelten. Sitzenbleiben hilft Schülern nicht. Erziehung & Wissenschaft, 6, 20–21.
Vicente Antunes, C. (2016). Autistische Schüler: Wie kann Inklusion gelingen? Schulmagazin 5–10, 84 (3), 53–56.
Wagener, M. (2014). Gegenseitiges Helfen. Soziales Lernen im jahrgangsgemischten Unterricht. Wiesbaden: Springer.
Wagner, P. (2005). Häusliche Arbeitszeit für die Schule. Münster: Waxmann.
Ziegler, A. (2017). Hochbegabung (2. Auflage). München: Reinhardt.

Über die Autorin

Britta Kohler hat selbst drei Kinder und ist heute Professorin für Erziehungswissenschaft und Schulpädagogik an der Universität Tübingen. Davor arbeitete sie als Grundschullehrerin. Sie forscht, lehrt und schreibt unter anderem zu den Themen Hausaufgaben, Schummeln und Noten, zur Schule aus der Sicht von Kindern und ihren Eltern sowie zur Ganztagsschule. Bei Beltz veröffentlichte sie zuletzt *Hausaufgaben. Überblick und Praxishilfen für Halbtags- und Ganztagsschulen* (2017).

Der Wahnsinn Teil 2

Will das Kind JETZT schon ausziehen – mit 6? Zu Hause hat es eine große Klappe, aber in der Schule ist es schüchtern und still? Keine Frage: Die Jahre 5 bis 10 stellen Eltern vor vielfältige Herausforderungen.

Die Autorinnen des größten Elternblogs Deutschlands helfen, liebevoll und nervenstark zu erziehen statt Stress und Strafen den Alltag zu überlassen. Sie geben Tipps für ein gelassenes Hinführen zur Eigenverantwortung der Kinder, z. B. beim Essen, sowie zu Empathie, Respekt und Durchhaltevermögen. Persönliche Berichte und überraschende Einblicke in das kindliche Denken und Fühlen sorgen für ein entspanntes Familienleben, in dem die Bedürfnisse aller Familienmitglieder erfüllt werden.

»Die witzig-persönlichen Erfahrungsberichte sind Balsam für die Seele gestresster Eltern.« buchreport.express

»Katja und Danielle haben mit ihrem neuen Buch einen wunderbaren Begleiter geschaffen für die Elternjahre jenseits der Kleinkindzeit.« VonGutenEltern.de

Danielle Graf &
Katja Seide
Das gewünschteste Wunschkind aller Zeiten treibt mich in den Wahnsinn
Gelassen durch die Jahre
5 bis 10
Klappenbroschur, 360 Seiten
ISBN 978-3-407-86504-5

www.beltz.de

Kinder brauchen Wurzeln und Flügel

Alleine zum Bäcker gehen, Klettern im Wald – während Kinder wachsen und selbstständig die »Welt da draußen« erkunden, stehen viele Eltern Ängste aus und wollen den Nachwuchs vor Stress und Gefahren behüten. Aber ohne losgelassen zu werden, können Kinder nicht stark und autonom sein.

Julia Dibbern und Nicola Schmidt zeigen Wege, um aus der Geborgenheit der Familie heraus Vertrauen in sich und seine Kinder zu entwickeln. Mit vielen Anregungen und konkreten Tipps ermutigen sie Eltern, ihren Kindern nicht nur Liebe und Halt, sondern auch Freiheit mitzugeben. Mut, Neugier, Charakterstärke und Selbstständigkeit sind für Kinder ebenso wichtig wie Bindung und familiäre Wurzeln. So können Eltern wie Kinder die Herausforderungen der »Wild World« meistern.

Julia Dibbern &
Nicola Schmidt
Wild World
Wie Kinder an der Welt
wachsen und Eltern
entspannt bleiben
Gebunden, 240 Seiten
ISBN 978-3-407-86569-4

www.beltz.de

Faszinierende Einblicke in die nächtlichen Welten unserer Kinder

Schon die Allerkleinsten haben Träume, die sie und ihre Eltern um die Nachtruhe bringen. Aber Träume zeugen nicht nur von Kinderängsten, sondern auch von überschäumender Fantasie und geheimen Wünschen.

Der Diplompsychologe Georg Milzner öffnet in diesem Buch die Tür zur Welt der Kinderträume. Anhand neuester Erkenntnisse aus Schlafforschung und Psychologie beschreibt er, warum Kinder im Schlaf lernen können, Albträume nicht nur zum Fürchten da sind und welche Traumbilder Kinder haben, wenn Konflikte in ihnen toben. Seine lebendig erzählten Traum-Beispiele und Erklärungen helfen Eltern, die Innenwelt ihres Babys, Kindergartenkindes oder Teenagers zu verstehen und dessen Entwicklung besser zu fördern. Das bringt die Familie näher zusammen und lässt am Ende alle besser schlafen.

Georg Milzner
Von fliegenden Kindern und grässlichen Monstern
Was Träume über unsere Kinder verraten
Klappenbroschur, 262 Seiten
ISBN 978-3-407-86555-7

www.beltz.de

Gute Beziehungen: Basis für Schulfreude und Schulerfolg

Mit Kindern bedürfnis- und beziehungsorientiert umgehen, das geht nicht nur zu Hause, sondern auch in der Schule. In der neu übersetzten und komplett aktualisierten Neuausgabe ihres Longsellers vermitteln Jesper Juul und Helle Jensen ein Mehr an Beziehungskompetenz. Wer Wege sucht, Kinder als eigenverantwortliche Menschen zu stärken, findet in diesem Buch eine Fülle von Anregungen. Neueste Erkenntnisse aus Hirnforschung und Psychologie sowie zahlreiche Tipps und Beispiele aus der Praxis ermöglichen ein tieferes Verständnis für herausfordernde Situationen, die jeder Pädagoge, aber auch jedes Elternteil kennt.

»*Ein richtungsweisendes Buch für alle Pädagogen und Eltern.*«
Eltern-Magazin

»*Dieses Buch ist schlichtweg hervorragend. Ein Muss für jeden, der mit Kindern in irgendeiner Weise zu tun hat.*« Kinderschutz aktiv, Österreich

> Jesper Juul / Helle Jensen
> **Vom Gehorsam zur Verantwortung**
> Wie Gleichwürdigkeit in der Schule gelingt
> Für Lehrer und Eltern
> Aus dem Englischen von Karin Wirth
> broschiert, 312 Seiten
> ISBN 978-3-407-86559-5

www.beltz.de

Der Familientisch als Lebensschule

Gemeinsame Mahlzeiten sind eine wertvolle Zutat nicht nur für Nähe und Harmonie in der Familie, sondern auch für die Entwicklung von Kindern. Jesper Juul zeigt, wie es gelingt, dass alle am Tisch sich wohl fühlen und warum eine gesunde, entspannte Ess- und Tischkultur die Lösung vieler Konflikte sein kann. Was ist zu tun, wenn das Kleinkind kein Gemüse und der Teenager nur Spaghetti essen will? Der berühmte Familientherapeut macht Lust auf ausgewogenes Essen zusammen mit der Familie, nicht zuletzt dank einer Auswahl praxiserprobter Rezepte aus seiner skandinavischen Heimat.

Empfohlen von der Stiftung Lesen

»*Gemeinsam essen: das Salz in der Suppe gelingender Beziehungen.*«
Jesper Juul

Jesper Juul
Essen kommen
Familientisch – Familienglück
Aus dem Dänischen von
Dagmar Mißfeldt
gebunden, mit zahlreichen
Abbildungen, 240 Seiten
ISBN 978-3-407-86478-9

www.beltz.de